电子商务网络营销模式与实践研究

王　壮◎著

吉林出版集团股份有限公司
全国百佳图书出版单位

图书在版编目（CIP）数据

电子商务网络营销模式与实践研究 / 王壮著. -- 长
春：吉林出版集团股份有限公司，2023.12
ISBN 978-7-5731-4518-5

Ⅰ.①电… Ⅱ.①王… Ⅲ.①电子商务-网络营销-
研究 Ⅳ.①F713.365.2

中国国家版本馆 CIP 数据核字(2024)第 009966 号

电子商务网络营销模式与实践研究
DIANZI SHANGWU WANGLUO YINGXIAO MOSHI YU SHIJIAN YANJIU

著 者	王 壮
责任编辑	杨亚仙
装帧设计	万典文化

出 版	吉林出版集团股份有限公司
发 行	吉林出版集团社科图书有限公司
地 址	吉林省长春市南关区福祉大路 5788 号　邮编：130118
印 刷	唐山唐文印刷有限公司
电 话	0431-81629711（总编办）
抖 音 号	吉林出版集团社科图书有限公司 37009026326

开 本	710 mm×1000 mm　1 / 16
印 张	10.25
字 数	190 千字
版 次	2024 年 3 月第 1 版
印 次	2024 年 3 月第 1 次印刷

书 号	ISBN 978-7-5731-4518-5
定 价	68.00 元

如有印装质量问题，请与市场营销中心联系调换。0431-81629729

PREFACE

前　言

随着信息技术、网络技术、通信技术的飞速发展，网络经济日益兴起，电子商务逐渐成为网络经济的主要内容。它预示着一场贸易革命甚至经济革命的开始，正改变着经济和社会的运作方式，极大地影响国际经贸关系的发展。

在市场营销研究领域中，面对新的环境，营销的理论和方法又进入了一个全新的变革时期。对于企业界来说，网络经济环境下全新的交易模式，改变了企业与企业、企业与消费者之间的关系，对消费者的购买行为也产生了极大的影响。近年来，随着支付与物流环节越来越流畅，互联网逐渐成为网购的重要渠道。消费者通过网络购物平台购买的产品范围不断扩大，种类从手机、电脑等高端产品延伸到低端的服装、化妆品、居家用品等，销售规模迅速扩大。可以说，目前我国网络购物已经进入高速增长期，中国的互联网经济发展空间巨大，电子商务、网络营销必将成为企业、个人进军网络经济的重要工具。

本书是电子商务方向的著作，主要研究电子商务网络营销模式与实践应用，本书从电子商务基础介绍入手，针对电子商务交易模式、电子商务技术、安全与支付进行了分析研究；另外对网络营销基础、网络营销工具做了一定的介绍；还对网络营销策略做了研究。本书重视知识结构的系统性和先进性；本书论述严谨，结构合理，条理清晰，重点突出，通俗易懂，内容丰富新颖，具有前瞻性、科学性、系统性和指导性。

本书参考了大量的相关文献资料，借鉴、引用了诸多专家、学者和教师的研究成果，并得到很多领导与同事的支持和帮助，在此深表谢意。由于能力有限，时间仓促，虽经多次修改，仍难免有不妥与遗漏之处，恳请专家和读者指正。

CONTENTS

目 录

第一章 电子商务概述

第一节 电子商务基础知识

一、电子商务的含义及特点

(一)电子商务的含义

电子商务是利用微电脑技术和网络通信技术进行的商务活动。各国政府、学者、企业界人士根据自己所处的地位和对电子商务参与的角度与程度的不同,给出了许多不同的定义。

电子商务即使在各国或不同的领域有不同的定义,但其关键依然是依靠着电子设备和网络技术进行的商业模式,随着电子商务的高速发展,它不仅仅包括购物,还包括了物流配送等附带服务。电子商务包括电子货币交换、供应链管理、电子交易市场、网络营销、在线事务处理、电子数据交换(EDI)、存货管理和自动数据收集系统。

电子商务分为广义的电子商务和狭义的电子商务。广义的电子商务定义为,使用各种电子工具从事商务活动;狭义电子商务定义为,主要利用互联网从事商务活动。无论是广义的还是狭义的电子商务的概念,电子商务都涵盖了两个方面:一是离不开互联网这个平台;二是通过互联网完成的是一种商务活动。

狭义上讲,电子商务(Electronic Commerce,简称EC)是指:通过使用互联网等电子工具(这些工具包括电报、电话、广播、电视、传真、计算机、计算机网络、移动通信等)在全球范围内进行的商务贸易活动。是以计算机网络为基础所进行的各种商务活动,包括商品和服务的提供者、广告商、消费者、中介商等有关各方行为的总和。人们一般理解的电子商务是狭义上的电子商务。

广义上讲,电子商务一词源自Electronic Business,就是通过电子手段进行的商业事务活动。通过使用互联网等电子工具,使公司内部、供应商、客户和合作伙伴之间,利用电子业务共享信息,实现企业间业务流程的电子化,配合企业内部的电子化生产管理系统，提高企业的生产、库存、流通和资金等各个环节的效率[1]。

1. IT 行业对电子商务的理解

IT（信息技术）行业是电子商务的直接设计者和设备的直接制造者，许多公司根据自己的技术特点给出了电子商务的定义。

IBM 提出了一个电子商务的定义公式，即电子商务＝Web+IT。它所强调的是在网络计算环境下的商业化应用，是把买方、卖方、厂商及其合作伙伴在互联网、企业内部网和企业外部网上结合起来的应用。它不仅仅是硬件和软件的结合，也不仅仅是强调交易中狭义的电子商务（E-Commerce），而是把买方、卖方、厂商及其合作伙伴在互联网、内联网和外联网结合起来的应用，同时强调这三部分是有层次的。只有先建立良好的内联网，建立完善的标准和各种信息基础设施，才能顺利地扩展到外联网，最后扩展到电子商务。

通用电气公司（GE）认为：电子商务是通过电子方式进行的商业交易，分为企业与企业之间的电子商务和企业与消费者之间的电子商务。企业与企业之间的电子商务以电子数据交换（EDI）为核心技术，以增值网（VAN）和互联网为主要手段，实现企业间业务流程的电子化，配合企业内部的电子化生产管理系统，提高企业从生产、库存到流通（包括物资和资金）各个环节的效率。企业与消费者之间的电子商务以互联网为主要服务提供手段，实现公众消费和服务提供方式，以及相关的付款方式的电子化。

2. 经济合作与发展组织（OECD）对电子商务概念的理解

经济合作与发展组织曾对电子商务的定义做过深入研究，其研究报告《电子商务的定义与统计》指出，狭义的电子商务定义主要包括利用计算机网络技术进行的商品交易，而广义的电子商务将定义的范围扩大到服务领域[2]。公共统计部门为了数据收集的需要和便利，常常将电子商务局限于某一领域，例如，互联网商务。而国家政策部门为了扩大影响，其电子商务的定义几乎涵盖了经济生活的各个方面，将电子政务归于电子商务之中就是一个典型。

经济合作发展组织认为，类似于其他横向活动一样，很难对电子商务给出一个精确的定义。作为一个通用的定义，电子商务应当包括两个方面：一是交易活动或形式；二是能够使交易活动进行的通信设施。交易活动或形式所涵盖的范围可以是广义的，也可以是狭义的：前者包括大部分不同层次的商务活动，如工程

① 孙冉. 新《电商法》下电商产业发展问题及对策分析 [J]. 现代经济信息, 2020 (2): 2.
② 李国洁. 现代信息技术在企业中的应用——制造企业的 B2B 电子商务模式 [D]. 对外经济贸易大学.

设计、商务、交通、市场、广告、信息服务、结算、政府采购、保健、教育等；后者仅仅包括通过电子化实现的零售或配送等。通信设施可以再分为两个部分：应用软件与网络。所有软件（如网络软件、EDI软件等）应可以在所有可能的通信网络（如开放的、封闭的、私人的或非私人的网络）上运行。

理解技术与商务过程的相互关系是理解电子商务定义的关键。电子商务的定义应当反映现代经济活动转变的状态，反映信息技术在商务活动中的应用，否则就不能区别存在多年的利用传真或电话进行的电子交易；电子商务的定义也不能局限于使用信息软件和通信技术的商务活动，它应当反映信息软件和通信技术在全部商业过程价值链中的应用。

（二）电子商务的特点

1. 全球化

由于电子商务是基于互联网进行的，而互联网跨越国界，穿越时空，无论你身处何地，无论白天与黑夜，只要你利用浏览器轻点鼠标，就可以随心所欲地登录任何国家、地域的网站，与你想交流的人面对面地直接沟通。因此，电子商务突破了地理界线，使企业可以将产品、服务通过互联网送到任何一个拥有互联网的地方。在国际互联网络环境下，电子商务的兴起塑造了一个真正意义上的全球市场。

2. 低成本

由于电子商务是通过互联网进行信息交互的，一方面可以减少各种票据的印刷成本和快递成本，可以通过无店面经营节约店面租金、水电及人工成本，可以减少多次商业谈判的差旅费用；另一方面还可以减少由于库存积压、商品来回运输所带来的损耗。

3. 高效率

电子商务将传统的商务流程电子化、数字化，一方面以电子流代替了实物流，可以大量减少人力、物力，降低成本；另一方面突破了时间和空间的限制，通过互联网，任何人可以在任何时间访问企业门户网站，查询企业信息，并通过电子邮件进行商品询价。这对于跨国界的国际贸易来说，大大降低了其因时差而造成的不便和低效率。

4. 交互性

在电子商务环境下，企业之间可以通过互联网进行交流、谈判、签订合同，消费者也可以通过论坛、邮件、及时聊天工具等方式将自己的意见反馈给企业或商家，这样能够有助于企业或商家根据消费者的意见及时对产品和服务进行调整，从而做到良性互动。

5. 整体性

电子商务能够规范事务处理的工作流程，将人工操作和电子信息处理集成为一个不可分割的整体，这样不仅能提高人力和物力的利用率，也可以提高系统运行的严密性。

6. 协调性

商务活动本身是一种协调过程，它需要客户与公司内部、生产商、批发商、零售商间的协调，在电子商务环境中，它更要求银行、配送中心、通信部门、技术服务等多个部门的通力协作，电子商务的全过程往往是一气呵成的。

7. 安全性

在电子商务中，安全性是一个至关重要的核心问题，它要求网络能提供一种端到端的安全解决方案，如加密机制、签名机制、安全管理、存取控制、防火墙、防病毒保护等。这与传统的商务活动有着很大的不同。

8. 集成性

电子商务以计算机网络为主线，对商务活动的各种功能进行了高度的集成，同时也对参加商务活动的商务主体各方进行了高度的集成。高度的集成性使电子商务进一步提高了效率。

二、电子商务的功能

（一）广告宣传

电子商务可凭借企业的 Web 服务器和客户的浏览，在互联网上发播各类商业信息。客户可借助网上的检索工具（Search）迅速地找到所需商品信息，而商家可利用网上主页（Home Page）和电子邮件（E-mail）在全球范围内做广告宣传。广告形式的丰富多彩，已经远远超过传统的广告，并且网络广告作为第四类媒体发布的广告，具有传统的报纸、杂志、无线广播和电视等传统媒体发布广告无法比拟的优势，因为它具有交互性和直接性。

（二）咨询洽谈

电子商务可借助非实时的电子邮件（E-mail）、新闻组（News Group）和实时的讨论组（Chat）来了解市场和商品信息、洽谈交易事务，如有进一步的需求，可用网上的白板会议（Whiteboard Conference）来交流即时的图形信息。网上的咨询和洽谈能超越人们面对面洽谈的限制，提供多种便捷的异地交谈形式。

（三）网上订购

电子商务可借助 Web 中的邮件交互传送实现网上的订购。网上的订购通常都是在产品介绍的页面上提供十分友好的订购提示信息和订购交互格式框。当客户填完订购单后，通常系统会回复确认信息单来保证订购信息的收悉。订购信息也可采用加密的方式，保障客户和商家的商业信息不会泄漏。

（四）网上支付

电子商务要成为一个完整的过程，网上支付是重要的环节。客户和商家之间可采用信用卡账号进行支付。网上支付将需要更为可靠的信息传输安全性控制，以防欺骗、窃听、冒用等非法行为。

（五）电子账户

网上的支付必须要有电子金融来支持，即银行、信用卡公司和保险公司等金融单位提供网上金融服务。而电子账户管理是其基本的组成部分，信用卡号和银行账号都是电子账户的一种标志。而其可信度需配以必要的技术措施来保证，如数字证书、数字签名、加密等手段的应用提高了电子账户操作的安全性。

（六）服务传递

对于已付款的客户应将其订购的货物尽快地传递到客户手中。而有些货物在本地，有些货物在异地，电子邮件将能在网络中进行物流的调配。最适合在网上直接传递的货物是信息产品，如软件、电子读物、信息服务等，它能直接从电子仓库中将货物发到用户端。

（七）意见征询

电子商务能十分方便地采用网页上的"选择""填空"等格式文件来收集用户对销售服务的反馈意见。这样能使企业的市场运营形成一个封闭的回路。客户的反馈意见不仅能提高售后服务的水平，而且更能使企业获得改进产品、发现市场的商业机会。

（八）交易管理

整个交易的管理将涉及人、财、物多个方面，包括企业和企业、企业和客户，以及企业内部等各方面的协调和管理，因此，交易管理是涉及商务活动全过程的管理。随着电子商务的发展，良好的交易管理的网络环境及多种多样的应用服务系统将被建立。

第二节　电子商务的框架与分类

一、电子商务的组成框架

（一）电子商务的概念模型

电子商务的概念模型是对现实世界中电子商务活动的一般抽象描述，它由交易主体（也称"实体"）、电子市场、交易事务和信息流、资金流、物资流等基本要素构成。交易主体是指能够从事电子商务活动的客观对象，如企业、银行、商店、政府机关等；电子市场是指电子商务交易主体从事商品和服务交换的场所，它由各种各样的商务活动参与者，利用各种通信装置，通过网络连接成一个统一的经济整体；交易事务是指电子商务交易主体之间所从事的具体的商务活动的内容，如询价、报价、转账支付、广告宣传、商品运输等[①]。

而电子商务的任何一笔交易，都包含着四种基本的"流"，即物流、商流、资金流、信息流。其中物流主要是指商品和服务的配送及传输渠道。商流是指物品在流通中发生形态变化的过程，即由货币形态转化为商品形态，以及由商品形态转化为货币形态的过程，随着买卖关系的发生，商品所有权发生转移。资金流主要指资金的转移过程，包括付款、转账、兑换等过程。信息流既包括商品信息地提供、促销、营销、技术支持、售后服务等内容，也包括诸如询价单、报价单、付款通知单、转账通知单等商业贸易单证，还包括交易方的支付能力、支付信誉、中介信誉等。

（二）电子商务的组成要素

电子商务的贸易、事务活动主要涉及三大要素：即以信息网为载体的信息流、以金融网为载体的资金流和以配送网络为载体的物流。

---

① 塔菲克·杰拉希，艾布里特·恩德斯，陶菲克·杰拉西，等. 电子商务战略：通过电子商务和移动电子商务创造价值概念与案例［M］. 东北财经大学出版社，2012.

1. 信息流

在企业中，信息流分为两种，一种是纵向信息流，发生在企业内部；另一种是横向信息流，发生在企业与其上下游的相关企业、政府管理机构之间。

2. 资金流

资金流是指资金的转移过程，包括支付、转账、结算等，它始于消费者，终于商家账户，中间可能经过银行等金融部门。依靠金融网来实现电子商务活动中资金流的方式主要有：电子现金、电子支票、信用卡等。

3. 物流

物流是因人们的商品交易行为而形成的物质实体的物理性移动过程，它由一系列具有时间和空间效用的经济活动组成，包括包装、装卸、存储、运输、配送等多项活动。

广义的物流包括流通领域，又包括生产领域，是指物质资料在生产环节之间和产成品从生产场所到消费场所之间的物理移动；狭义的物流只包括流通领域，指作为商品的物资在生产者与消费者之间发生的空间位移。

4. 三流的关系

在商品价值形态的转移过程中，物流是基础、信息流是桥梁、资金流是目的。信息流处于中心地位，信息流是其他流运转的介质，直接影响控制着商品流通中各个环节的运作效率。具体三流的关系可以表述为：以信息流为依据，通过资金流实现商品的价值，通过物流实现商品的使用价值。物流应是资金流的前提与条件，资金流应是物流依托的价值担保，并为适应物流的变化而不断进行调整，信息流对资金流和物流运动起着指导和控制作用，并为资金流和物流活动提供决策的依据。

（三）电子商务的基本框架

1. 电子商务的框架层次

（1）网络基础设施

信息高速公路实际上是网络基础设施的一个较为形象的说法，它是实现电子商务最底层的基础设施，是信息传输系统。正像公路系统由国道、城市干道、辅道共同组成一样，信息高速公路是由骨干网、城域网、局域网层层搭建，才使得任何一台联网的计算机都能够随时同这个世界连为一体。信息可能是通过电话线传播，也可能是通过光纤、无线电波的方式传递。

（2）多媒体内容和网络宣传

有了信息高速公路，只是使得通过网络传递信息成为可能，至于究竟在信息高速公路上跑怎样的"车"，要看用户的具体做法。目前，网上最流行的发布信息的方式是 HTMI（超文本标记语言）的形式，它是将信息发布在万维网上。网络上传播的内容有文本、图像、声音等。HTMI 将这些多媒体内容组织得易于检索且富有表现力。但网络本身并不知道传递的是声音还是文字，它把这些信息看作是 0 或 1 的数字串。对于这些数字串的解释、格式编码及还原，是由一些用于消息传播的硬件和软件共同实现的，它们位于网络设施的上一层。

（3）报文和信息传播的基础设施

互联网上的信息传播工具提供两种交流方式：一种是非格式化的数据交流，如用 fax 和 E-mail 传递的消息，它主要是面向人的；另一种是格式化的数据交流，如电子数据交换系统就是典型代表，其传递和处理信息可以是自动化的，无须人为干涉，它主要用于面向机器。商务贸易中的订单、发票、装运单等，也都比较适合格式化的数据交流。HTTP（超文本传输协议）是互联网上通用的消息传播工具，它以统一的显示方式，在多种环境下显示非格式化的多媒体信息。

（4）贸易服务的基础设施

它是开展通用交易业务的基础服务，是所有参加交易的企业、个人都能体验到的服务，通常把这类服务称为基础设施。主要包括安全和认证、电子支付、商品目录和价目表服务等。

消息传播工具要想适合电子商务的业务，需要确保安全和提供认证，确保传递的消息是可靠的、不可篡改的、不可否认的，在有争议时能够提供适当的证据。电子商务服务的关键是安全的电子支付。在进行网上交易时，购买者发出电子付款，可采用电子信用卡、电子钱包、电子支票和电子现金等多种电子支付方式进行网上支付，并随之发出一个付款通知给卖方，卖方通过中介机构对这笔付款进行认证并最终接收。当卖方发出货物后，这笔交易才算完成。为了确保网上支付是安全的，所以必须保证交易是保密的、真实的、完整的和不可抵赖的。目前确保网上支付安全的做法是用交易各方的数字证书，即电子身份证来提供端到端的安全保障。贸易服务包括三个基本部分，即电子销售支付系统、供货体系服务、客户关系解决方案。目录服务将信息妥善组织，为增、删、改提供便利。目录服务是提供这些贸易服务的基础。目录服务支持市场调研、咨询服务、商品购买指南等，是客户关系解决方案的一部分；目录服务加速收缩供货链，是供货体系服务的目标。

（5）电子商务应用

在上述基础上，可以一步一步地建设实际的电子商务应用，如供应链管理、视频点播（VOD）、网络银行、电子市场、电子广告、网上娱乐、有偿信息服务、家庭购物等。

2. 电子商务框架支柱

（1）社会人文性的政策法规

电子商务的税收制度、信息的定价、信息访问的收费、信息传输成本、隐私保护问题等，都需要政府制定相应的政策法规。法律法规维系着商务活动的正常运作，违规活动就必须受到法律制裁。网上商务活动有其独特性，买卖双方很可能存在地域的差异，他们之间的纠纷如何解决？如果没有一个成熟的、统一的法律系统进行仲裁，纠纷就不能解决。知识产权问题在电子商务活动中尤显突出，如何保证授权商品交易的顺利进行，如何有效遏制侵权商品和仿冒商品的销售，如何打击侵权行为，这些都是制定电子商务法律时应该考虑的问题。法律制定的成功与否关系到电子商务活动能否顺利开展。

税收制度的制定也是一个重要的问题。例如，对咨询信息、电子书籍、软件等无形商品是否征税及如何征税；对汽车、服装等有形商品如何通过海关，如何征税；税收调度是否应与国际接轨及如何接轨等。这些问题若处理不好，会严重制约电子商务的发展。

（2）自然科技性的技术标准

技术标准定义了用户接口、传输协议、信息发布标准等技术细节。就整个网络环境来说，标准对于保证兼容性和通用性是十分重要的。正如有的国家是左行制，而有的国家是右行制，会给交通运输带来一些不便；再如不同国家110V和220V的民用电压标准会给电器使用带来麻烦。今天在电子商务中也遇到了类似的问题，因此目前许多厂商、机构都意识到标准的重要性，正致力于联合起来开发统一的标准，如EDI标准、TCP/IP协议、HTTP协议、SSL协议、SET协议等。

二、电子商务的分类

（一）按参与交易的对象分类

1. 企业与消费者之间的电子商务

企业与消费者之间的电子商务（Business to Customer，可以缩写为B to C或B2C）可以说就是通过网上商店（电子商店）实现网上在线商品零售和为消费者提供所需服务的商务活动。企业与消费者之间的电子商务引发了商品营销方式的重大变革，无论企业还是消费者都从中获益匪浅。商业机构对消费者的电子商务基本等同于电子零售商业。目前，网上有各种类型的虚拟商店和虚拟企业，他们提供各种与商品销售有关的服务。通过网上商店买卖的商品可以是实体化的，如书籍、鲜花、服装、食品、汽车、电视等；也可以是数字化的，如新闻、音乐、电影、数据库、软件及各类基于知识的商品。网上商店还能提供各类其他服务，如安排旅游、在线医疗诊断和远程教育等服务。

2. 企业与企业之间的电子商务

企业与企业之间的电子商务（Business to Business，可以缩写为 B to B 或 B2B）是电子商务应用中最重要和最受企业重视的形式，企业可以使用互联网或其他网络针对每笔交易寻找最佳合作伙伴，完成从订购到结算的全部交易行为，包括向供应商订货、签约、接受发票和使用电子资金转移、信用证、银行托收等方式进行付款，以及在商贸过程中发生的其他问题，如索赔、商品发送管理和运输跟踪等。企业对企业的电子商务经营额大，所需的各种硬软件环境较复杂，但在 EDI 商务成功的基础上发展得最快。

3. 企业对政府方面的电子商务

企业对政府方面的电子商务（Business to Government，可以缩写为 B to G 或 B2G）覆盖了企业与政府组织间的各项事务。例如，企业与政府之间进行的各种手续的报批、政府通过互联网向企业发布采购清单、企业以电子化方式向政府做出的响应、政府在网上以电子交换方式来完成对企业的征税等。这种电子商务经营模式成为政府机关政务公开的手段和方法。

4. 消费者对政府机构的电子商务

消费者对政府机构的电子商务（Customer to Government，可以缩写为 C to G 或 C2G）是指政府可以把电子商务扩展到福利费用发放、自我估税，以及个人税收的征收等方面，通过网络实现个人身份的核实、报税、收税等政府对个人之间的行为。

5. 消费者对消费者的电子商务

消费者对消费者的电子商务（Customer to Customer，可以缩写为 C to C 或 C2C）就是消费者个人间的电子商务行为。比如一个消费者有一台电脑，通过网络进行交易，把它出售给另外一个消费者，此种交易类型就称为 C2C 电子商务。

（二）按交易涉及的商品内容分类

1. 间接电子商务

间接电子商务涉及的商品是有形的实物商品，如鲜花、书籍、食品、汽车等，交易的商品需要通过传统的渠道，如邮政和商业快递来完成送货，因此，间接电子商务要依靠送货的运输系统等外部要素完成。

2. 直接电子商务

直接电子商务涉及的商品是无形的货物和服务，如计算机软件、电子书、娱乐内容的联机订购、付款和交付，或者是全球规模的信息服务。直接电子商务能使双方越过地理界线直接进行交易，充分挖掘全球市场的潜力。

（三）按开展电子交易的信息网络范围分类

根据开展电子交易的范围不同，电子商务可以分为区域电子商务、全国电子商务和全球电子商务。

区域电子商务是指在一定地理区域内，通过利用本城市或区域内的信息资源实现电子商务活动。区域电子商务利用互联网、局域网将区域范围内的商业系统、金融系统、物流系统和政务系统连接起来，它是开展全国电子商务和全球电子商务的基础。

全国电子商务是指在本国范围内进行的网上交易活动。与区域电子商务相比，全国电子商务的交易范围比较广，对网络软硬件的要求也相对较高，需要在全国范围内实现交易、支付、物流等方面的电子化和自动化，且要求从事电子商务活动的从业者具备相应的专业知识和技术能力。

全球电子商务是指在世界范围内进行的电子商务活动。由于全球电子商务横跨了多个国家，因此其涉及的交易系统更为复杂，如交易双方的信息系统、海关系统、检疫信息系统、银行系统、保险信息系统、税务信息系统和国际物流组织信息系统等。

（四）按使用网络的类型分类

根据电子商务所使用的网络类型的不同，电子商务可以分为基于企业内部网络（Intranet）的电子商务、基于企业外部网络（Extranet）的电子商务，以及基于互联网（Internet）的电子商务。

基于企业内部网络的电子商务，主要通过 Intranet 对企业内部的生产、人力资源分配、资金调度等活动进行网络集成管理，从而达到降低企业内部管理成本、加速企业内部资金周转和提高企业内部工作效率等目的。

基于企业外部网络的电子商务是通过与企业联盟或合作伙伴的计算机网络系统之间进行点对点的贸易、商务数据交换和自动处理来完成的。

基于互联网的电子商务就是利用互联网开展电子商务活动。它是一个基于 TCP/IP 协议组织起来的松散的、独立的、具有国际合作性质的国际互联网络。

由于在互联网上可以开展各种形式的电子商务业务，而且发展迅速，因此，基于互联网的电子商务成为当前电子商务的主要形式。

第三节 电子商务带来的社会变革

电子商务作为一种商务活动，它不是孤立存在的，它对人类生活、政府决策、企业管理，以及社会经济等方面都会产生深远的影响。

一、电子商务对个人生活的影响

随着互联网的普及和电子商务的兴起，人们的生活、工作、学习、娱乐方式等各个方面都在发生着翻天覆地的变化。

（一）信息传播方式的改变

随着通信技术的不断发展，互联网不仅是人们在生活、工作、学习、娱乐等方面的通信工具，也是一种新的传播媒介。作为通信工具，互联网不仅能够通过电子邮件、网上电话、网上传真、网上寻呼等功能实现私人需求，还能满足电子商务的通信需求。作为传播媒介，互联网具有访问成本低、可随时随地访问、传播便捷及时空上的独立性等优点。因此，通过互联网，客户可以根据自己的需求随时随地获取信息、提出疑问。

（二）生活方式的改变

尽管有人对逛商店直接面对营业员讨价还价的传统购物方式乐此不疲，但随着生活节奏的加快，很多人视逛商店购物为一种负担。例如，有些人认为购物逛商店太费时间；有些人出于不愿面对营业员冷淡或过于热情的态度；有些人不善于讨价还价；有些人不想公开自己购物的隐私。随着互联网逐渐融入人们的日常生活，消费者在互联网上浏览商品，直接在网上完成购物、支付，由商家将商品送到消费者手中，已经成为一种时尚，并正在被越来越多的人所接受和使用。与传统购物相比，网购呈现出了许多优越性。

1. 多选择性

电子商务中电子商店的容量是无限大的，可以陈列比大型超级市场更多的商品。人们可以更广泛地交流，获得更多、更具体的信息，不受时间、地点的限制。

2. 节约社会劳动和经济资源

电子商务使以销定产更为简便易行,可以密切地衔接商品生产和消费,减少盲目生产和库存积压,从而节约社会劳动和经济资源。

3. 节省时间,享受低价

通过网上购物,消费者能够得到价格上的实惠,能够享受到价格相对低一些的商品和服务。因为电子商务相对于实体商店来说减少了中间采购、库存、交易等环节的成本,商店价格中也就减少了中间费用。

4. 保护个人隐私

在购买一些属于个人隐私的物品时,在实体商店难免会碰上熟人,而在电子商务环境中就完全可以避免这种尴尬。

5. 满足个性化消费需要

通过电子商务提供的商品与在线服务可以为单个消费者"度身制衣",定制个性化产品与服务,满足消费者个性化的需要。

6. 提供更有效的售后服务

企业可以通过互联网提供售后服务。除此之外,人们还可以在互联网上发表自己的意见、参加聚会、玩游戏、看电影、听音乐、看书等。而且任何年龄阶段的人都可以通过互联网找到自己感兴趣的事物,如通过"58同城",人们能够很好地满足在衣食住行等方面的各种需求。

(三) 工作方式的改变

随着互联网的普及和电子商务的兴起,人们的工作方式变得更加灵活,使得在家工作已经成为现实。例如,企业高层领导或者企业之间的商业谈判等,就可以通过远程视频会议来进行,而无须再花费更多的时间在路上,这样不仅能够减轻城市的交通负担,而且还有助于减少因交通而造成的城市空气污染。同时,电子商务的发展也改变了传统的社会就业结构,对人们的知识、能力和技能提出更高的要求。企业员工、政府职员、学校教师甚至是社会各行各业的就业者都必须熟悉和掌握电子商务的一些基本操作规程,那些既懂得经营管理业务又懂得电子商务技术的复合型人才将成为人才市场上的热门。就业将从传统职业转向要求信息技能、有较高认知推理能力的职业。

(四) 消费方式的改变

随着电子商务的迅速发展及电子支付和物流配送等服务的完善,现在,人们能够真正做到足不出户就可货比三家,利用网络账户可以在任何时间、任何地点,通过网银服务实现包括储蓄、转账、信用卡、证券、交易、保险和公司财务管理等多种业务。

(五)教育方式的改变

随着通信技术的不断发展,网络远程教育也越来越普及。网络远程教育是以计算机通信技术和网络技术为依托,采用远程实时、多点、双向交互式的多媒体现代化教学手段,可以实时传送声音、图像、电子课件和教师板书,身处两地的师生能像现场教学一样进行双向视听问答。网络远程教育能够很好地发挥"好教师、好教材"的优势,为各个年龄层次、各种知识结构、各种需求层次和各个行业的从业者提供了一种新的学习途径,它突破了传统教育体系在时间、空间和资源上的限制。

二、电子商务给企业带来的变革

(一)电子商务将改变企业商务活动的方式

传统的商务活动最典型的情景就是"推销员满天飞""采购员遍地跑""说破了嘴、跑断了腿",消费者在商场中筋疲力尽地寻找自己所需要的商品。现在,通过互联网消费者可以直接进入网上商场进行浏览和采购各类产品,而且还可以得到在线服务;商家可以利用网络与客户联系、进行货款结算服务;政府也可以方便地进行电子招标、政府采购等活动。

(二)电子商务正改变企业的生产方式

由于电子商务是一种快捷、方便的购物手段,消费者的个性化、特殊化需要可以完全通过网络展示在生产商面前,为了取悦顾客,突出产品的设计风格,制造业中的许多企业纷纷发展和普及电子商务。

(三)电子商务正给传统行业带来一场革命

电子商务能够覆盖商务活动的全过程,通过人与电子通信方式的结合,极大地提高商务活动的效率,减少不必要的中间环节。传统的制造业借此进入小批量、多品种的时代,使"零库存"成为可能。同时,电子商务为传统零售业和批发业开创了"无店铺""网上营销"的新模式,各种线上服务为传统服务业提供了全新的服务方式。

（四）电子商务正带来一个全新的金融业

由于在线电子支付是电子商务的关键环节，也是电子商务得以顺利发展的基础条件，随着电子商务在电子交易环节上的突破，网上银行、银行卡支付网络、银行电子支付系统，以及电子支票、电子现金等服务将传统的金融业带入到了一个全新的领域。

（五）电子商务正超越国界

许多电子商务企业，无论是做商品贸易的企业，还是提供无形的有偿服务的企业，他们都盯上了国际市场这个巨大的潜在发展空间。许多政府和国际组织纷纷鼓励电子商务企业积极参与国际贸易竞争，以促进本国经济的发展和就业。尽管这种国际贸易面临高的运输成本、语言障碍和货款支付，以及结算等方面的问题，但随着全球经济一体化进程的提速和电子商务法规的日趋完善，还有电子商务模式的创新，将会逐步扫清这些障碍。

总而言之，作为一种商务活动过程，电子商务正带来一场史无前例的革命，其对社会经济的影响远远超过商务的本身。除了上述这些影响外，电子商务还将对就业、法律制度及文化教育等带来巨大的影响。

三、新一代电子商务——物联网

随着信息技术的迅速发展，电子商务已经成为 21 世纪全球关注的焦点，从最初人们认为网上做生意是一种天方夜谭，到如今各企业和个人纷纷涉及电子商务，只用了短短的十几年，可见电子商务发展速度之快，影响范围之广；从最初的网上支付不安全、诚信体系不完善、物流不畅通，到如今的全球支付、诚信保障、全球快递，基础设施的完善和互联网交易环境的成熟，让电子商务的发展更加迅猛。

物联网是新一代信息技术的重要组成部分。顾名思义，物联网就是物物相连的互联网，其包含两层意思：其一，物联网的核心和基础仍然是互联网，它是在互联网基础上延伸和扩展的网络；其二，物联网的用户端延伸和扩展到了任何物品与物品之间，可以进行信息交换和通信。综上所述，物联网的定义是通过射频识别、红外感应器、全球定位系统和激光扫描器等信息传感设备，按约定的协议，把任何物品与互联网连接起来，进行信息交换和通信，以实现智能化识别、定位、跟踪、监控和管理的一种网络。

1. 与传统的互联网相比，物联网有其鲜明的特征

首先，它是各种感知技术的广泛应用。物联网上安置了海量的、多种类型的传感器，每个传感器都是一个信息源，不同类别的传感器所捕获的信息内容和信息格式不同。传感器获得的数据具有实时性，按一定的频率周期性地采集环境信息，不断更新数据

其次，它是一种建立在互联网上的泛在网络。物联网技术的重要基础和核心仍旧是互联网，通过各种有线和无线网络与互联网融合，将物体的信息实时准确地传递出去。在物联上的传感器定时采集的信息需要通过网络传输，由于其数量极其庞大，形成海量信息，在传输过程中，为了保障数据的正确性和及时性，必须适应各种异构网络和协议。

最后，物联网不仅提供了传感器的连接，而且其本身也具有智能处理的能力，能够对物体实施智能控制。物联网将传感器和智能处理相结合，利用云计算、模式识别等各种智能技术，扩充其应用领域。从传感器获得的海量信息中分析、加工和处理出有意义的数据，以适应不同用户的不同需求，发现新的应用领域和应用模式。

2. 物联网技术架构通常分为感知层、网络层和应用层三层

感知层由各种传感器及传感器网关构成。感知层的作用相当于人的眼耳鼻喉和皮肤等神经末梢，它是物联网识别物体、采集信息的来源，其主要功能是识别物体和采集信息。

网络层由各种私有网络、互联网、有线和无线通信网、网络管理系统、云计算平台等组成，相当于人的神经中枢和大脑，负责传递和处理感知层获取的信息。

应用层是物联网和用户（包括人、组织和其他系统）的接口，它与行业需求结合，实现物联网的智能应用。

3. 物联网的作用

物联网一方面可以提高经济效益，大大节约成本；另一方面可以为全球经济的复苏提供技术动力。目前，欧盟、美国和中国等国家和地区都在投入巨资深入研究探索物联网。

物联网的应用领域非常广泛，在绿色农业、工业监控、公共安全、城市管理、医疗、智能家居、智能交通和环境监测等领域大有作为。此外，物联网普及以后，物联网用于动物、植物、机器、物品的传感器与电子标签及配套的接口装置的数量将大大超过手机的数量。

第二章　电子商务交易模式

第一节　B2C 电子商务交易模式

企业与消费者（Business to Consumer，B2C）电子商务是按交易对象划分的一种电子商务模式，是企业通过网络针对个体消费者实现价值创造的商业模式，它以互联网为主要消费手段，通过信息网络，以电子数据流通的方式实现企业或商业结构与消费者之间的各种商务活动、交易活动、金融活动和综合服务活动。

一、 B2C 电子商务交易模式的分类

企业应根据自身的经营特点，开发适合企业发展的电子商务战略。就企业与消费者的电子商务来说，其电子商务模式主要为网上在线的商务模式。

（一）按交易客体进行分类

按交易客体进行分类，可以把 B2C 电子商务分为两种：有形商品和服务的电子商务模式、无形商品和服务的电子商务模式。网上销售有形商品和服务与无形商品和服务有很大不同，前者不能完全在网上实现，需要借助传统手段的配合才能完成，后者则可以完全通过网络进行[①]。

1. 有形商品和服务的电子商务模式

实物商品的电子商务模式即有形商品和服务的电子商务模式。这类商品或服务的查询、订购和付款等活动都是在网上完成，而实际商品或服务的交付活动仍然通过传统的方式，不能通过电脑的信息载体来实现。

（1）企业开展直销业务的网上商店。

这类网上商店由传统生产企业所开设，实现企业产品的直销，为此类传统企业带来更多商机。典型代表网站有 ZARA、海尔和联想等。

---

① 苏会燕. 中国电子商务交易平台服务业发展状况［M］. 社会科学文献出版社，2013.

（2）传统商城自办网上商城

传统商城因网店冲击，生存所迫纷纷开始经营网上商城，目前已开设网上商城的传统零售企业多采用经补性的经营策略。典型代表网站有苏宁易购（苏宁电器）和国美在线（国美电器）等。一方面，网上商城采用"错位经营"手法，使网下业务与网上业务尽量不重合，并通过网络平台提供售后服务和技术支持；另一方面，通过企业自建网站，树立企业形象和推广企业产品，起到信息发布和广告宣传的作用，扩大网下店铺的销售。

（3）纯虚拟网上商店

此类网上商店属于完全虚拟的企业，开辟了一种新的商业形式，在网下没有实体商店，典型代表网店有亚马逊、京东商城和当当网等。目前，京东商城这些纯虚拟商店也开始尝试线下实体店。

（4）B2C 电子化交易市场

B2C 电子化交易市场也称为 B2C 电子商务中介商或 B2C 电子市场运营商，是指在经联网的环境下利用通信技术和网络技术等手段把参与交易的买卖双方集成在一起的虚拟交易环境。电子市场运营商一般不直接参与电子商务交易，B2C 电子化交易市场作为新型的电子商务中介商，其核心任务是聚集入驻企业和消费者，扩大交易规模，提升电子化交易市场的人气。典型代表如天猫。

2. 无形商品和服务的电子商务模式

（1）网上订阅模式

网上订阅模式指消费者通过网页订阅企业提供的无形商品和服务，进行直接消费或浏览。此类模式主要被一些商业在线机构用来销售有线电视节目、电子类报纸杂志、在线课程和在线娱乐等。如中国邮政就通过邮政 183 网站与新华社主办的新华网，推出报纸杂志的网上订阅。

（2）网上赠予模式

网上赠予模式是一种非传统的商业运作模式，实质就是"先试用、后购买"。采用网上赠予模式的企业主要有两类：软件公司和出版商。软件公司在发布新产品或新版本时通常在网上提供测试版，网上用户可以免费下载试用。这样，软件公司不仅可以取得一定的市场份额，而且也可以扩大测试群体，保证软件测试的效果。当最终版本公布时，测试用户可以购买该软件，或许因为参与了测试版的试用可以享受一定的折扣。有的出版商也采取网上赠予模式，先让用户试用，然后购买。

（3）付费浏览模式

付费浏览模式指的是企业通过网页安排向消费者提供计次收费性网上信息浏

览和信息下载的电子商务模式。付费浏览模式让消费者根据自己的需要，在网站上有选择性地购买想要的东西，在数据库里查询的内容也可以付费获取，如中国知网、百度文库等。另外一次性付费参与游戏将会是很流行的付费浏览方式之一。

（4）广告支持模式

广告支持模式是指在线服务商免费向消费者或用户提供在线信息服务，其营业活动完全靠广告收入获得。此模式是目前最成功的电子商务模式之一。搜狗、百度等在线搜索服务网站就是依靠广告收入来维持经营活动的。

（二）按企业与消费者的买卖关系进行分类

按企业与消费者的买卖关系进行分类，B2C 电子商务可以分为卖方企业对买方个人的电子商务和买方企业对卖方个人的电子商务两种模式。

卖方企业对买方个人的电子商务模式是最常见的 B2C 电子商务模式，即由卖方企业出售商品和服务给买方个人。比较典型的代表如天猫超市、京东商城、亚马逊等。

买方企业对卖方个人的电子商务模式是买方企业在网络上向卖方个人求购商品或服务的一种电子商务模式。这种模式应用较多的是企业在网上招聘人才。比较典型的代表如前程无忧、智联招聘、BOSS 直聘等。

二、 B2C 电子商务的盈利模式

（一）B2C 电子商务模式成功的关键环节

虽然近年来 B2C 电子商务在我国发展迅速，但是目前许多 B2C 电子商务企业因不能盈利而面临生存危机。采用适合企业发展的盈利模式是促进 B2C 电子商务持续发展的关键。决定 B2C 电子商务企业取得成功的关键环节主要包含以下几个方面。

1. 诚信与安全保障

诚信与安全保障是 B2C 网站成功的关键因素之一。电子商务发展早期，许多人之所以不能接受电子商务这种购物模式，最主要是担心诚信与安全保障。目前，纵观我国成功的 B2C 案例，几乎所有的网站或平台都提供退货保障，以提高消费者的信任度，安全认证包含确认消费者身份和支付确认。另外货到付款有效地避免了传统消费者对网上商家的不信任；B2C 网站的品牌效应也有效地降低了消费者的风险感知程度。

2. 物流配送

物流是 B2C 电子商务活动中必不可少的关键因素。物流配送是指在经济合理的区域范围内，根据用户的要求，对物品进行拣选、加工、包装、运输等作业，并按时送达指定地点的物流活动。

3. 支付方式

支付方式对于 B2C 网站或平台的成功与否起着决定性的作用，决定了 B2C 交易活动中资金的流动过程。目前，常用的支付方式有电子支付、货到付款及其他付款方式。

（1）电子支付

电子支付主要指利用银行卡完成的支付，具有方便、高效、快捷、经济的优势。目前电子支付方式主要有网上支付、第三方支付、移动支付、电话支付等。

（2）货到付款

货到付款是最原始也是早期电子商务的支付方式之一。商家将商品发给客户，客户查验货物后以现金的形式支付给商家。目前货到付款不仅限于当面支付现金，很多商城支持客户收到商品后使用支付宝支付、微信支付、POS 终端刷卡等。

（3）其他付款方式

其他支付方式包括银行转账、储值卡支付、现金抵用券支付、礼品卡支付、红包支付等。

4. 用户习惯和网站黏着度

用户习惯培养和网站黏着度对于一个 B2C 网站来说非常重要。用户习惯培养越久和用户黏着度越高，说明用户忠诚度越高，这样的用户一般不容易流失，而且通常黏着度越高的网站，盈利能力越强，商业价值也越高。

5. 特色经营

特色经营是 B2C 成功的另一个关键因素。只有在产品定位和客户定位上下功夫，灵活经营、寻找特色，才能在 B2C 电子商务中找到一条适合的盈利之道。

6. 创造成功的网络商店品牌

一个好的品牌对网络零售商来说至关重要。在网络虚拟世界中，消费者可以不受任何时空限制，从一个网络商店转到另一个网络商店，他们在网络上感受到的品牌所代表的商店和商品都是无形的。优秀的品牌可以使消费者建立起对网络零售商的信任感，这种信任感反过来又给网络零售商进一步提高产品质量和服务造就了广阔的空间。所以，在网络世界中过硬的品牌更容易取得成功。

（二）B2C 电子商务的主要盈利模式

B2C 电子商务网站的盈利模式主要有以下四种：网络广告收益模式、产品销售营业收入模式、出租虚拟店铺收费模式和网站的间接收益模式。

1. 网络广告收益模式

这种模式是大部分 B2C 网站的主要盈利模式，这种模式成功与否的关键在于网站的访客量与广告能否受到关注。

2. 产品销售营业收入模式

大部分 B2C 电子商务网站通过销售产品，通过赚取采购价与销售价之间的差价和交易费获取利润。典型代表有京东商城、苏宁易购、当当网等。

3. 出租虚拟店铺收费模式

B2C 电子化交易市场的主要收入来源于这种模式。这些网站在销售产品的同时，也出租虚拟店铺，通过收取租金赚取中介费。例如天猫、京东商城等电子化交易平台根据提供服务级别的不同，收取入驻商家一定的服务费和保证金。

每个网站收取租金的方式各不相同。天猫店铺一般收取保证金和技术服务费，并且依据店铺类型不同，资费也不同。保证金：（1）品牌旗舰店、专卖店为 5 万～10 万元；（2）专营店为 10 万～15 万元。技术服务费以一级类目为参照，为 3 万元或 6 万元。

4. 网站的间接收益模式

除了以上三种方式，企业还可以通过价值链的其他环节实现盈利。如以淘宝、天猫为例，交易中大部分的用户都通过支付宝付款，平台不仅可以通过支付宝收取签约商户一定的交易服务费，而且还可以通过利用用户存款和支付时间差产生的巨额资金进行其他投资，给网站带来巨大的利润。

第二节　C2C 电子商务交易模式

C2C（Customer to Customer）电子商务是指消费者与消费者之间的电子商务或者个人与个人之间的商务活动。这里所指的个人可以是自然人，也可以是商家的商务代表。现代社会中的自然人或者自然人组成的家庭中有着非常丰富的资源，不仅有物资资源，而且还有更多的知识资源，包括科技、文化、教育、艺术、医药和专业技能等资源，C2C 电子商务能够实现个人或家庭的消费物资再调配、个人智力资源和专业技能的充分利用，从而最大限度地减少人类对自然资源和智力资源的浪费。

该模式需要能够为买卖双方提供在线交易的平台，在该平台中，卖方可以自行提供商品或服务信息，而买方可以自由选择商品并支付。目前，国内主要的C2C 电子商务平台有淘宝、易趣等，淘宝是中国最大的 C2C 电子商务交易平台，易趣主要为面向海外销售的用户提供交易平台。

C2C 电子商务平台是一个非常灵活的在线交易平台，其用户数量巨大且不存在地域和时间限制，往往身兼多职，既是卖方又是买方。

一、 C2C 电子商务交易模式的分类

（一）适合网上销售的商品

1. 网上销售商品的分类

网上销售的商品，可以分为虚拟商品和实体商品，其中，虚拟商品又可以分为数字化商品和在线服务。

2. 适合网上销售的商品应该具备的特点

由于网络的限制和商品自身的特点，使得只有部分产品适合在网上销售，但随着网络技术的发展和其他科学技术的进步，将有越来越多的产品在网上销售。适合网上销售的商品应该具备的特点：

（1）商品的质量标准单一化

消费者无须近距离接触就能比较清楚地了解商品的质量，如图书、音像制品、3C 数码类产品等。

（2）数字化产品、服务等无形商品

无须物流配送，直接通过网络传送给消费者，如软件产品、车票预订、景点门票预订、研究报告等。

（3）个性化、独特性或时尚性

由于网上消费者的个性化需求，网络销售产品的式样必须满足购买者的个性化需求，而且销售不错的商品往往都是具有独特性或时尚性。

（4）价格合理

由于跳过中间环节，网上销售的商品价格一般比较合理，在网上销售产品一般采用低价位定价。

（5）便于运输

体积较小，便于运输，降低运输成本等。

（二）C2C 电子商务交易模式的分类

1. 按交易平台运作模式进行分类

按交易平台的运作模式分类，C2C 电子商务交易模式可分为拍卖平台运作模式和店铺平台运作模式。

拍卖平台运作模式：这种模式下，由电子商务企业为买卖双方搭建网络拍卖平台，按比例收取交易费用。在拍卖平台上，商品所有者或某些权益所有人可以独立开展竞价、议价、在线交易等。网络拍卖的销售方式保证了卖方的价格不会太低，他们可以打破地域限制，把商品卖给地球上任何一个角落出价最高的人；同理，买方也可以确保自己不会付出很高的价位。比如京东拍卖、聚拍网等。

2. 按交易的商品类型分类

按交易的商品类型分类，C2C 电子商务交易模式可以分为实物交易平台和智慧交易平台。

（1）实物交易平台

该类平台网站交易的商品种类很多，分类齐全，从小件商品如饰品、服饰、家居用品到大件商品如大家电、汽车等均有销售。除此之外，平台网站还设置了网络游戏装备交易区和虚拟货币交易区等。

（2）智慧交易平台

从 20 世纪初，经联网开始加速发展，各种创新型应用和经联网新概念不断出现，例如搜索引擎、电子商务、博客、维基百科、RSS、web2.0、长尾理论等。如何利用经联网进行知识管理已引起经联网界和知识管理学界诸多学者的高度关注。智慧交易平台就是在这个大的背景下产生的，它是利用经联网进行知识管理的网络创新模式。Witkey 和威客这两个词完全为中国首创。该概念最先由刘锋在中国科学院研究生院提出。

威客网指为威客提供交易平台的网站，是常见的智慧交易平台。威客的英文 Witkey 是由 wit（智慧）、key（钥匙）两个单词组成，也是 The key of wisdom 的缩写，是指那些通过经联网把自己的智慧、知识、能力、经验转换成实际收益的人，他们在经联网上通过解决科学、技术、工作、生活、学习中的问题，从而让知识、智慧、经验、技能体现经济价值。

（3）威客地图流程

威客地图借用了知识管理里知识地图的概念，即通过经联网将人的地理位置、专业特长或兴趣、联系方式、威客空间这四个最重要的属性聚合在一起从而形成的关于人的搜索引擎。在威客空间中，威客把自己的知识、智慧、经验、技能形成作品进行出售，威客网站可以通过威客地图的衍生产品进行盈利,如知识交易、右侧广告、竞价排名、威客推荐、联系方式信息费等。

从实践上看,不同的威客模式应用领域有不同的特点,所以威客模式网站不能采取统一的商业运行制度,应具体问题具体对待。

二、网络拍卖的主要类型

C2C 电子商务成功的交易模式之一就是在线拍卖。在许多国家,经过在线拍卖进行买卖已经非常流行。全球最早的 C2C 交易平台是易贝(eBay),为买卖双方提供拍卖平台。消费者可以登录专业的拍卖网站,也可以登录一般的拍卖网站,还有一些消费者是通过特殊的软件自行开展拍卖活动,通过逆向拍卖的形式进行 C2C 在线交易。

(一)拍卖与网络拍卖

1. 拍卖

依照《中华人民共和国拍卖法》的规定,拍卖是指以公开竞价的形式,将特定物品或者财产权利转让给最高应价者的买卖方式。

拍卖当事人包括竞买人、买受人、委托人和拍卖人:(1)竞买人是指参加竞购拍卖标的的公民、法人或者其他组织。(2)买受人是指以最高应价购得拍卖标的的竞买人。(3)委托人是指委托拍卖公司拍卖物品或者财产权利的公民、法人或者其他组织。(4)拍卖人是指依照《中华人民共和国拍卖法》和《中华人民共和国公司法》设立的从事拍卖活动的企业法人。在网络平台上,拍卖人一般是指 C2C 电子商务搭建的拍卖平台,如阿里拍卖和易贝等。

2. 网络拍卖

网络拍卖是指网络服务商利用经联网通信传输技术,向商品所有者或者某些权益所有人提供有偿或无偿使用的经联网技术平台,让商品所有者或某些权益所有人在其平台上独立开展以竞价、议价方式为主的在线交易模式。

(二)网络拍卖的主要类型

1. 英式拍卖

英式拍卖也称增价式拍卖或出价逐升式拍卖,是传统拍卖中最常见的拍卖方式。在网络拍卖方式中,英式拍卖是最常见的网上拍卖竞价方式。英式拍卖的形式是:在拍卖过程中,拍卖标的物的竞价按照竞价阶梯由低至高、依次递增,当到达拍卖截止时间时，出价最高者成为竞买的赢家（即由竞买人变成买受人）。另外，在拍卖前卖家可设定保留价，当最高竞价低于保留价时，卖家有权不出售此拍卖品。当然，卖家亦可设定无保留价，此时，到达拍卖截止时间时，出价最高的竞价者成为买受人。

2. 荷兰式拍卖

荷兰式拍卖又称减价式拍卖或出价逐降式拍卖，是一种公开的减价拍卖。这种拍卖方式适用于拍卖交易量大或者有一定保质期的物品。形式为卖方必须规定一个底价（即起拍价）或者拍卖物品的数量，在拍卖过程中，物品价格每隔一段时间会下降一些，第一个出价人可以按照他出价时的价格购买所需数量的物品。如果他买完后，物品还有剩余，降价过程继续，直到所有物品都被买走为止。拍卖结束后，所有成功出价的竞价者以成功竞价的价格买走商品。

荷兰式拍卖的原则：价格高优先获得宝贝，相同价格先出价者先得。成交价格是最低成功出价的金额。

3. 一口价

一口价是指在交易前，卖家预先确定一个固定的价格，让买家没有讨价还价的余地，买家可以立即买下自己想要的商品，以最快的速度完成购买过程。如果卖家出售数量大于一口价的多数商品，则交易将持续到买家以一口价购买完全部商品或在线时间（竞价截止时间）结束。

4. 反向拍卖

反向拍卖也叫逆向拍卖，由采购方提供希望得到的产品的信息、需要服务的要求和可以承受的价格定位，由卖家之间以竞争方式决定最终产品提供商和服务供应商，从而使采购方以最优的性能价格比实现购买。一般常用于政府采购、工程采购等。

5. 集体议价

集体议价也称为集体竞价，是多个购买者联合购买同一类商品而形成一定购买规模，以获得优惠售价的交易方式。集体议价是一种由消费者集体议价的交易方式。作为动态定价的一种形式，集体议价将不同的投标者联合起来以便获得折扣价格，买家人数越多，价格越低，但通常都有一个最低价（集合底价）。这是一种不同于传统拍卖的网络议价类型，多采用 C2B 的形式，在这种模式中，单个消费者也享有了过去只有零售商和中间商才能享有的"以量换价"的权利，但是必须付出时间成本。

三、 C2C 电子商务的交易流程和盈利模式

（一） C2C 电子商务的交易流程

根据电子商务的交易对象，将交易流程分为买家交易流程和卖家交易流程。以下将以淘宝网为例，分别介绍买家和卖家交易流程。

1. 买家购买流程

（1）注册会员账户

如果是淘宝网新用户，首先要进行会员注册，阅读服务条款并同意，其次填写个人资料提交，最后通过接收邮件激活会员账号完成会员注册。

（2）搜索、浏览商品

根据自己需要进行搜索，搜索完成后，查看搜索结果，浏览商品。

（3）购买商品

通过搜索，并找到满足自己需要的商品，加入购物车并进行结算，也可直接选择立即购买。购买商品时需要注意先确认好商品信息，如商品颜色、规格、数量、送货方式、收货地址等。

（4）付款

确认收货信息后，即进入支付页面，淘宝网可选择支付宝进行付款，也可通过网上银行、信用卡、货到付款等方式进行付款。

（5）收货和评价

当买家收到商品并确认无误后，可返回订单页面确认收货，同时对商品质量、卖家服务、物流服务等项目进行评价。交易完成后，卖家就可收到货款。

2. 卖家交易流程

（1）注册会员账户

与买家注册会员相同，在淘宝平台中，如果作为买家已注册会员，当作为卖方时可以使用同一会员账户。

（2）开设店铺、发布商品

在淘宝网开设店铺需要先进行支付宝实名认证和开店认证。实名认证有个人实名认证和商家实名认证两种。认证成功后，就可以发布商品、开设店铺了。卖家在发布商品信息时，可选择一口价、个人闲置或拍卖方式进行出售。其中，"一口价"是指卖家以固定的价格出售宝贝。"个人闲置商品"是指已通过支付宝实名认证的淘宝网用户以"闲置"的方式发布的商品。"拍卖"是指卖家出售宝贝时就设置宝贝起拍价、加价幅度。不论采用哪种方式发布商品信息，发布前

都需要准备商品资料，包括商品标题、图片、类别、价格、数量、送货方式、运费、发票等信息。

闲置商品与二手商品不同。闲置商品通常为个人持有，自用或从未使用的闲置物品。二手商品指卖家以"二手"的方式发布商品，通常是旧的、用过的，或者新的买来后又转手出去的商品。

（3）发货

当买家购买后，确认收到买家的货款后或者知道买家把货款付给支付宝，卖家就可以安心发货。发货要及时，并尽量按照买家的要求选择快递公司，并将发货情况告知买家。

（4）收款及评价

当买家收到商品并确认付款后，卖家账户收到买家款项后，卖家必须客观、公正地对买家进行评价，评价信息将记入买家的信用等级。

（二）C2C 电子商务平台的盈利模式

C2C 电子商务平台是一种主要通过网站为商户和消费者提供网络化的购销平台，同时，为了保障交易双方的利益，提供网络广告、第三方支付系统、网店装修、交易管理和评级等功能。通过直接购买或网络拍卖，都会给 C2C 平台带来更大的收益。

C2C 电子商务平台的盈利模式主要包含以下几个方面：

1. 会员费

会员费是大部分网站的盈利方式之一，平台为会员提供更多、更高质量的服务，如商品推广服务、公司认证、增值服务项目等。会员费一般采用第一年缴纳，第二年续费的形式，如不续费，将变为免费会员，不再享受多种服务。

2. 网络广告费

将网站中有价值的位置用于放置各类广告，根据不同版面、不同形式、发布时间和长短等因素来确定收费标准，如淘宝网的直通车、竞价排名等。

3. 增值服务费

某些超过质保期外产品的用户的服务，是有偿的，不仅要收取成本费，还要收取一定数额的服务费，如物流服务费、辅助信息费、支付交易费等。

4. 特色服务费

产品或服务的特色展示费用，如淘宝网中的旺铺、淘宝助理、店铺装修工具、阿里指数、店铺管理工具等。

5. 拍卖平台盈利方式

主要包括拍品信息费、保留价费用和佣金。其中，拍卖品信息费是指拍品的信息登录费用；保留价费用是指拍卖交易不成功时，根据卖家事先设置的拍品保留价收取费用；佣金是指按拍品成交金额收取一定比例的费用。

不同的 C2C 电子商务网站有所区别，但都是采用多种方式的结合运营的，以达到更高的网站流量、用户黏性和重复购买率等目的。

第三节　B2B 电子商务交易模式

一、 B2B 电子商务概述

B2B（Business to Business）电子商务即企业与企业的电子商务，是指企业与企业之间通过网络进行数据信息的交换、以电子化方式开展的商务活动。进行电子交易的供需双方都是商家，它们使用经联网技术或各种网络商务平台，完成商务交易活动的供求信息发布、商务洽谈、订货及确认订货、合同签订、货款支付、票据的签发及传送和接收、货物的配送及监控等过程。

（一）B2B 电子商务的特点

B2B 电子商务的交易双方从交易磋商、签订合同到支付等都是通过网络完成，整个流程完全虚拟化。其主要特点包括以下几个方面。

1. 交易金额大

B2B 通常是企业与供应商、经销商之间的大宗货物交易，和零售有着很显著的区别。以消费者为交易对象的 B2C、C2C，大多以日用、休闲、娱乐等消费品为主，往往是单笔交易，购买数量金额相对较小；B2B 交易通常规模大，一般是大额交易。B2B 电子商务相对于 B2C 和 C2C 而言，交易的次数少，而且交易对象比较集中。

2. 节约交易成本

传统企业间的交易往往要耗费企业大量资源和时间，无论是销售和分销还是采购都要占用产品成本。通过 B2B 网络交易方式，买卖双方能够在网上完成整个业务流程，从建立最初印象到货比三家再到讨价还价、签单和交货，最后到客户服务 B2B，使企业之间的交易减少许多事务性的工作流程和管理费用，降低了企业经营成本，网络的便利及延伸性使企业扩大了活动范围，企业发展跨地区跨国界更方便、成本更低廉。

3. 交易操作规范

B2B 的交易操作程序上虽然复杂，包括查询、谈判、结算等，但其相对规范化、标准化及流程化，这大大降低了企业的经营成本及时间，提高了工作效率。B2B 电子商务活动，一般涉及对象比较复杂，因此对合同要求比较规范和严谨，注重法律的有效性。

4. 交易对象广泛

B2C、C2C 交易一般集中在生活消费用品方面，而 B2B 交易平台上交易的商品覆盖种类广泛，既可以是原材料，也可以是半成品或成品。

（二）B2B 电子商务的类型

根据 B2B 交易平台的构建主体分类，B2B 电子商务可以分为直销型 B2B 和平台型 B2B。

1. 直销型 B2B 交易

直销型 B2B 交易是指直接提供产品或服务的企业，改变传统的销售渠道，将网络作为新兴的销售渠道实现企业间的交易。就企业而言，一方面，提供产品或服务的企业可通过建立网上直销电子商务站点，为其客户提供产品和服务；另一方面，需要产品或服务的企业可以通过供应商建立的网上直销电子商务站点进行直接购买。直销型 B2B 的主要特点是，利用网络代替传统的中间商，如零售商和批发商。这一方面可以提高企业对市场的反应速度，也可以减少企业的营销费用，特别是营销渠道费用，以更低廉的价格为客户提供更满意的服务。因此，企业一旦建立网上直销渠道模式，可以大大提高企业的竞争能力。利用网上直销渠道，企业可以直接与客户建立企业间电子商务交易方式，突破经由传统中间商分销时所受到的时间和空间的限制，企业的客户范围更广，从而扩大企业的市场份额。

实现直销型 B2B 交易，要求企业的实力较雄厚，而且企业必须能进行柔性化生产，企业的业务流程必须是客户导向的。企业开展网上直销业务的主要目的是顺应电子商务发展的潮流，降低企业的渠道成本，为客户网上沟通提供方便，并扩大企业的市场范围和市场份额。

2. 平台型 B2B 交易

平台型 B2B 交易也称为中介型 B2B 交易，是指企业利用第三方提供的电子商务服务平台实现企业与客户之间的交易。参与 B2B 交易的企业可以是买方，也可以是卖方。平台型 B2B 与直销型 B2B 电子商务的根本区别在于，直销型

B2B 的电子商务服务平台是由参与交易的一方提供，一般是产品或服务的销售方；而平台型 B2B 的电子商务服务平台一般由中介商提供，既不是拥有产品或服务的销售方，也不是经营商品的商家，并不参与交易，只是提供一个平台，将销售方和采购方汇集在一起。

（三）B2B 电子商务的盈利模式

B2B 电子商务是目前盈利状况最好的电子商务模式。目前，B2B 电子商务的盈利模式主要有以下几种。

1. 会员费

企业通过第三方电子商务平台参与电子商务交易，必须注册为 B2B 网站的会员，每年要缴纳一定的会员费，才能享受网站提供的各种服务，目前会员费已成为中国 B2B 网站最主要的收入来源。

2. 广告费

网络广告是门户网站的主要盈利来源，同时也是 B2B 电子商务网站的主要收入来源。比如阿里巴巴网站的广告根据其在首页位置及广告类型来收费。中国化工网有弹出广告、漂浮广告、Banner 广告、文字广告等多种表现形式可供用户选择。

3. 竞价排名

企业为了促进产品的销售，都希望自己在 B2B 网站的信息搜索中的排名靠前，而网站在确保信息准确的基础上，根据会员交费的不同对排名顺序做相应的调整。

4. 增值服务

B2B 网站通常除了为企业提供贸易供求信息外，还会提供一些独特的增值服务，包括企业认证、独立域名、提供行业数据分析报告、搜索引擎优化等。像现货认证就是针对电子这个行业提供的特殊增值服务，因为通常电子采购商比较重视库存。可以根据行业的特殊性去深挖客户的需求，然后提供具有针对性的增值服务。

5. 线下服务

线下服务主要包括展会、期刊、研讨会等。通过展会，供应商和采购商面对面地交流，一般的中小企业还是比较青睐这个方式。期刊主要是刊登关于行业资讯等信息，期刊中也可以植入广告。

6. 商务合作

商务合作包括广告联盟、政府、行业协会合作、传统媒体的合作等。广告联盟通常是网络广告联盟，亚马逊通过这个方式已经取得了不错的成效，但在中国，联盟营销还处于萌芽阶段，大部分网站对于联盟营销还比较陌生。国内做得比较成熟的几家广告联盟有百度联盟、谷歌联盟等。

7. 按询盘付费

区别于传统的会员包年付费模式，按询盘付费模式是指从事国际贸易的企业不是按照时间来付费，而是按照海外推广带来的实际效果，也就是海外买家实际的有效询盘来付费。其中询盘是否有效，主动权在消费者手中，由消费者自行判断，决定是否消费。尽管 B2B 市场发展势头良好，但 B2B 市场还是存在不成熟的一面，这种不成熟表现在 B2B 交易的许多先天性交易优势，比如在线价格协商和在线协作等还没有充分发挥出来。因此，传统的按年收费模式受到以 ECVV 为代表的按询盘付费平台的冲击越来越明显。"按询盘付费"有四大特点：零首付、零风险；主动权、消费权；免费推、针对广；及时付、便利大。广大企业不用冒着"投入几万元、十几万元，一年都收不回成本"的风险，零投入就可享受免费全球推广，成功获得有效询盘后，辨认询盘的真实性和有效性后，只需在线支付单条询盘价格，就可以获得与海外买家直接谈判订单的机会，主动权完全掌握在供应商手里。

二、直销型 B2B 交易

（一）直销型 B2B 交易概述

企业之间为了提高效率，减少库存，降低采购、销售、售后服务等方面的成本，与用户或供应商之间的交易需要通过经联网来完成，因此建立 B2B 网站，实现了企业之间的电子商务交易。事实上，大型企业 B2B 网站的交易额在企业间电子商务交易总额中占有主要地位。利用 B2B 网站交易的企业主要是用户、供应商、合作伙伴及其他与企业经营活动有关的部门或机构。

直销型 B2B 可以分为两个方向，即面向下游企业的基于供应商的 B2B 和面向上游企业的基于采购商的 B2B[①]。

1. 基于供应商网站的 B2B 交易

这种模式的 B2B 类似于 B2C 电子商务，主要是供应商基于网站与其下游的企业用户开展的以电子化分销或网络直销为核心的各种商务活动，如 Cisco 与其

---

① 王玮. 基于新型 B2B 工业电商平台的集中采购管理模式研究 [D]. 天津大学.

分销商之间进行的交易。该模式得以成功运行的关键是供应商拥有良好的声誉和大批忠实的客户。

2. 基于采购商网站的 B2B 交易

这种模式的 B2B 是采购商基于自有网站与其上游供应商开展各种商务活动，即电子化采购或网络采购活动。

（二）基于供应商网站的 B2B 交易

B2B 电子商务通用的交易过程包括交易前准备，交易谈判和签订合同，办理交易进行前的手续与交易合同的履行，以及索赔四个阶段。

基于供应商网站的 B2B 交易类似于 B2C 电子商务，其一般程序是：第一，供应商利用自己网站的信息发布平台发布买卖、合作、招投标等商业信息。第二，采购商登录供应商网站，会员注册后查询有关商品信息。第三，如果采购商属于商业企业，一般需要提出经销申请，供应商进行资格审查后授予经销资格。第四，购销双方通过网站信息交流平台在商务谈判的基础上，采购商下订单，供应商接受订单；如有必要双方还需签订合同。第五，随后进行货款结转和物流配送。第六，最后是信息反馈与销售跟踪。

（三）基于采购商网站的 B2B 交易

网络采购是指企业通过经联网发布采购信息、接受供应商网上投标报价、网上开标及公布采购结果的全过程。网络采购的主要目标是对于那些成本低、数量大或对业务影响大的关键产品和服务订单实现处理和完成过程的自动化。

电子化采购作为一种先进的采购方式，其优点主要体现在：大大减少了采购所需要的书面文档材料，减少了对电话传真等传统通信工具的依赖，提高了采购的效率，降低了采购的成本；利用网络开放性的特点，使采购项目形成了最有效的竞争，有效地保证了采购质量；可以实现电子化评标，为评标工作提供方便；由于能够对各种电子信息进行分析、整理和汇总，可以促进企业采购的信息化建设；能够使采购程序的操作和监督更加规范，大大减少采购过程中的人为干扰。

1. 网络采购方式

基于采购商网站的网络采购方式通常有以下几种。

（1）网上招投标

招投标是在市场经济条件下进行大宗货物的买卖，工程建设项目的发包与承包，以及服务项目的采购与提供时，所采取的一种交易方式。主要有公开招投标和邀请招投标两种形式。

公开招投标是指招标人以招标公告的方式邀请不特定的法人或者其他组织投标。公开招标的投标人不少于 3 家。

邀请招投标是指招标人以投标邀请书的方式邀请特定的法人或者其他组织投标。邀请招标的投标人不少于 3 家。

网上招投标流程包括：采购商新建招标项目；采购商在自己的网站发布招标公告；买方寻找潜在的供应商，邀请供应商参加项目竞标；供应商从网站上下载投标书；供应商以电子化的方式提交投标书；招标可以实时进行，由采购商截止投标，也可以持续几天，直到预先确定的截止日期；采购商评估供应商的投标，可能以电子化方式谈判以实现"最佳"交易；采购商发布中标公告；供应商查看中标公告；采购商将合同授予最符合其要求的供应商；双方签订合同，生成销售单。

（2）集中目录采购

集中目录采购是指一些大企业预先编制集中采购目录，纳入集中采购目录的项目必须由企业集中采购，未纳入集中采购目录的项目，采购人可以自行独立采购。其具体做法是，将供应商目录集中到公司服务器上，以实现采购的集中化。通过搜索引擎，购买者可以找到所需要的产品，明确存货情况和送货时间，并填写电子订货单。集中目录采购的另一个优点是可以减少供应商的数量，同时，由于购买数量的增加，还可以促使价格下降。内部的电子目录可以人工更新，也可以使用软件代理更新。

（3）集体采购

集体采购简称集采，也称为团体购买，是指来自多个零散购买者的订单被集中到一起，加大与供应商的谈判能力，根据薄利多销、量大价优的原理，供应商可以给出更低的团购价格和单独采购得不到的优质服务。

当前，集采的主要方式是网络集采。网络集采是指通过经联网平台，由专业团购机构将具有相同购买意向的零散消费者或采购商集合起来，向厂商进行大批量购买的行为。也可由消费者或某一采购商在团购网站上发布团购信息，自行发起并组织团购。企业团体购买有两种模式：内部集中和外部集中。

最早出现集采是公司为了降低成本而集合所有子公司进行采购，全公司范围内的订单都通过网络来集中采购，并自动添补。内部集中除了获得经济规模，即许多商品以低价购得外，企业交易管理费用也大大降低。

而外部集中是指企业参加第三方机构组织的团购活动。许多小企业也希望得到批量购买折扣，但无法找到其他公司加入以增加购买量，它们就可以参加一些第三方机构组织的团购活动，以获得更好的价格、选择和服务。

（4）易货交易

易货交易是指在不使用金钱的基础上交换货物和服务的行为。其基本思想是企业以自己剩余的东西交换自己需要的东西。企业可以为自己的剩余物资做广告，但成功交易的机会非常小，所以需要中介的帮助。中介可以使用人工搜寻的匹配方式，或建立一个电子易货交易所。在易货交易所里，企业将剩余物资提交给交易所，得到积点，然后使用这些积点来购买自己需要的产品。流行的易货交易对象有办公场地、闲置设备、劳动力和产品，甚至还有横幅广告。电子易货的特点是客户越多、速度越快、佣金越低。

2. 网络采购系统的功能

（1）采购申请模块

采购申请模块一般具备的功能有：接受生产部门和关键原材料供应部门提交的采购申请；接受企业资源计划（Enterprise Resources Planning，ERP）系统自动提交的原材料采购申请；接受管理人员、后勤服务人员提出的采购低值易耗品、计算机软硬件或服务方面的申请等。

（2）采购审批模块

采购审批模块一般具备的功能有：系统能够根据预设的审批规则自动审核并批准所接收到的各种申请；对所接收到的采购低值易耗品的申请，直接到仓库管理系统检查库存；对于自动审批未获通过的申请，立即通知或发电子邮件通知申请者，申请由于何种原因未获批准，修改申请或重新申请；通过自动审批无法确定是否批准或否决的申请，发电子邮件通知申请者的主管领导，由领导登录采购系统，审批申请；对于已通过的采购申请，发电子邮件通知申请者，并提交给采购管理模块。

（3）采购管理模块

采购管理模块一般具备的功能有：接受采购管理部制订的年度或月份采购计划，制订供应商评估等规则；对所接收的采购申请，依据设定规则确定是立即采购还是累积批量采购；对已经生成的订单，依据设定规则确定立即发给供应商，还是留待采购部门再次审核修改；所有订单，依据预设的发送途径向供应商发出；自动接收供应商或承运商提交的产品运输信息和到货信息；任何有权限的用户都可以查询所提交申请的执行情况；订购物资入库或服务完成后，系统自动生成凭证，向财务管理部门提交有关单据；订购产品入库完成后，系统自动发送电子邮件通知申请者或打电话通知申请者，申请已执行完毕；依据设定规则，系统在发出订单时或者产品验收入库后，自动向供应商付款，或者采购管理部门依据有关单据人工通知财务部门对供应商付款。

三、平台型 B2B 交易

（一）平台型 B2B 交易概述

平台型 B2B 交易是指由第三方提供一个称为 B2B 交易市场的电子商务交易服务平台，交易双方只要注册成为该网站会员，就可以借助该平台进行交易。第三方 B2B 网站既不是拥有产品的企业，也不是经营商品的商家，并不参与双方的交易，而只是平台提供方，将销售商和采购商汇集在一起进行交易，为双方提供交易服务。

平台型 B2B 是以中立的第三方立场为买卖双方提供服务。建立一个完善的电子交易市场必须将大型采购商（买方采购系统）与供应商（卖方销售系统）的相应软件与企业内部系统进行整合。另外，平台入口也应该包括其他的服务功能，其中电子交易市场的主要功能有以下几种。

1. 提供供求信息服务

买方或卖方只要注册后就可以在电子交易市场发布自己需要采购的信息，或者发布企业需要出售的供应信息，并根据发布的信息来选取企业潜在的供应商或者客户。网上发布的信息一般是图片或文字信息，随着经联网的发展，信息将越来越丰富。

2. 提供附加信息服务

为企业提供需要的相关经营信息，如行业信息和市场动态等；为买卖双方提供网上交易沟通渠道，如网上谈判室、沟通软件和商务电子邮件等；提供信息传输服务，如根据客户的需求，定期将客户关心的买卖信息发送给客户。

3. 提供电子目录管理服务

提供产业所需要的不同的供应商产品目录管理系统，使购买者方便取得相关的产品资料，以利于采购的进行。

4. 提供与交易配套的服务

提供网上签订合同服务、网上支付服务、物流配送等及其他实现网上交易的服务。

5. 提供客户关系管理服务

为企业提供网上交易管理，包括企业的合同、交易记录、企业的客户资料等信息托管服务。许多电子化交易市场专门开发出客户管理软件帮助企业管理客户的资料。

6. 提供定价机制服务

在交易市场平台上，主办者提供一些交易手段，如正向拍卖、逆向拍卖、协商议价和降价拍卖等多种交易，以满足消费者各方面的需求，在交易过程中形成市场价格。

7. 提供供应链管理服务

供应链管理服务可分为两大部分：供应链规划和供应链执行。供应链规划包括供应链网络设计、需求规划与预测、供给规划、配销规划等；供应链执行包括仓储管理系统、运输管理系统、库存管理、订单管理等。

（二）平台型 B2B 交易的机制

1. 平台型 B2B 交易的参与主体

在平台型 B2B 交易中，参与主体主要包括认证机构、采购商、供应商、第三方 B2B 中介网站、物流配送中心和网上银行等。

2. 平台型 B2B 交易的基本流程

（1）第三方电子商务平台设计交易流程，制定交易规则，提供其他相关服务。（2）交易双方分别申领、下载与安装认证授权证书。（3）交易双方在第三方交易平台进行会员注册。（4）第三方交易平台管理员对交易双方进行资格审查与信用调查后，审核通过交易双方的会员注册申请。（5）交易双方经第三方交易平台审核通过具备会员资格后，通过第三方交易平台发布各自的供求信息。（6）第三方交易平台后台审核并发布各会员发布的供求信息，同时在交易平台提供大量详细的交易数据和市场信息。（7）交易双方根据第三方交易平台提供的信息，选择自己的贸易伙伴，进行商务谈判，最终签订交易合同。（8）交易双方在第三方交易平台指定的银行办理收付款手续；如果选择网上银行收付，交易双方应该预先在网上银行开设账户，并存入足够的款项。（9）物流配送部门将卖方货物送交买方。（10）交易双方对对方信用进行评价，如有问题可通过平台进行投诉。

（三）平台型 B2B 电子商务网站的分类

平台型 B2B 电子商务类型多种多样，根据不同的划分标准，结果也大不相同，主要包括按照面向行业范围划分和按照服务内容划分两种。

1. 按照面向行业范围划分

对于平台型的 B2B 电子商务模式，按照交易产品类别和商品内容划分，分为综合型 B2B 电子商务模式和垂直型 B2B 电子商务模式两种。

（1）综合型 B2B 电子商务模式

综合型 B2B 电子商务平台涵盖了不同的行业和领域，为不同行业的买卖双方搭建起一个信息和交易的平台，使买卖双方可以在这些平台上分享信息、发布广告、竞拍投标、进行交易等。国内综合型的 B2B 电子商务平台，如阿里巴巴、环球资源网等。综合型的 B2B 电子商务平台的行业范围广，很多的行业都可以在同一个网站上进行贸易活动。

综合型 B2B 电子商务模式可以产生很多利润流量，如广告费、竞价排名费、分类目录费、交易费用、拍卖佣金、软件使用许可费、会员费和其他服务费等，自己也可以开展电子商务，从商务活动中直接获利。

（2）垂直型 B2B 电子商务模式

垂直型 B2B 电子商务平台具有很强的专业性，通常定位在一个特定的专业领域内，如 IT、化工、钢铁或农业等。垂直型 B2B 电子商务平台将特定产业的上下游厂商聚集在一起，让各阶层的厂商都能很容易地找到原料或商品的供应商或买主，国内典型的垂直型 B2B 电子商务平台如中国建材第一网、中国化工网、中国钟表网、中国粮食网等，垂直型 B2B 电子商务平台是具有行业针对性的交易平台，平台具有很强的聚集性、定向性。

由于垂直型 B2B 电子商务模式的专业性强，因此其客户很多都是本行业的，潜在购买力比较强，其广告的效用也比较大，所以其广告费较综合型网站要高。除了广告外，垂直型 B2B 电子商务模式通过举办一些拍卖会，出售网上店铺，收取客户的信息费及数据库使用费等形成利润来源。

（3）综合型 B2B 和垂直型 B2B 的电子商务模式对比

第一，综合型 B2B 电子商务模式为买卖双方创建一个信息和交易的平台，涵盖了不同行业和领域，服务于不同行业的从业者；垂直型 B2B 电子商务模式将买卖双方集合在一个市场中进行交易，但网站的专业性很强，面向某一特定的专业领域，如信息技术、农业、化工、钢铁等，它将特定产业的上下游厂商聚集在一起，让各阶层的厂商都能很容易地找到原料供应商或买主。

第二，对比二者各自优势，综合型 B2B 电子商务模式追求的是"全"，能够获益的机会很多，潜在的用户群体较大，能够迅速地获得收益；垂直型 B2B 电子商务模式专业性很强，容易吸引针对性较强的用户，并易于建立起忠实的用户群，吸引着固定的回头客。

第三，考虑综合型 B2B 和垂直型 B2B 的电子商务模式的缺点，前者用户群不稳定，被模仿的风险大；后者短期内不能迅速获益，很难转向多元化经营或向其他领域渗透。

2. 按照服务内容划分

（1）信息服务型

信息服务型 B2B 电子商务网站主要是给中小企业提供一个信息发布平台，缩短了中小企业与大型企业在信息获取方面的差距，拓宽了中小企业的销售渠道。其盈利模式主要是收取会员费。

（2）交易服务型

交易服务型 B2B 电子商务网站可以帮助客户实现在线交易，统一实现信息流、物流、资金流和商流。与信息服务型网站对比，交易服务型网站需要解决好物流和支付等问题。目前，大宗产品在线交易服务类 B2B 电子商务网站有金银岛，属于小额批发交易服务类 B2B 电子商务网站；外贸类的有敦煌网和全球速卖通，内贸类的有 1688.com。此类 B2B 交易平台的盈利模式主要是收取交易佣金。

第三章 电子商务技术、安全与支付

第一节 电子商务技术

一、EDI 技术

（一）EDI 的定义

EDI（Electronic Data Interchange）即电子数据交换，是由国际标准化组织（ISO）推出使用的国际标准，是指一种为商业或行政事务处理，按照一个公认的标准，形成结构化的事务处理或消息报文格式，从计算机到计算机的电子传输方法，也是计算机可识别的商业语言。例如，国际贸易中采购订单、装箱单、提货单等数据的交换均采用了 EDI 技术。

目前由于电子数据传输技术的迅速发展，EDI 的含义逐渐被狭义化：按照商定的协议，将商业文件标准化和格式化，并通过计算机网络，在贸易伙伴的计算机网络系统之间进行数据交换和自动处理，俗称"无纸化贸易"。

（二）EDI 标准

EDI 的核心是被处理业务的数据格式标准化，EDI 在本质上要求国际统一标准，采用共同语言进行通信。由于 EDI 是计算机与计算机之间的通信，以商业贸易方面的 EDI 为例，EDI 传递的都是电子单证，因此为了能让不同商业用户的计算机识别和处理这些电子单证、必须按照协议制定一种各贸易伙伴都能理解和使用的标准–现行的行业标准有 CIDX（化工）、V1CX（百货）、TDCC（运输业）等，它们都专门应用于某一部门。目前国际上存在两大标准体系，一个是流行于欧洲、亚洲的，由联合国欧洲经济委员会（UN/ECE）制定的 UN/EDIFACT 标准；另一个是流行于北美的，由美国国家标准化委员会制定的 ANSI X.12 标准。下面简单介绍一下这些标准。

1. ANSI ASC X.12

美国国家标准学会（ANSI）特许公认标准委员会（ASC）X.12 为行业间由于交换商业交易开发统一的标准，即为电子数据交换。原先设想的 ANSI X.12 支持跨北美的不同行业公司，但今天在全球有超过 300000 家公司在日常业务交易使用 X.12 的 EDI 标准。

2. EANCOM

EANCOM 标准最初是由 EAN 大会提出设想，是根据当时新兴的 UN EDI-FACT 标准开发的。相比 TRADACOM 消息集，EANCOM 更详细：EANCOM 由 GS1 维护 EANCOM 最初为零售业开发，随后发展成为使用最广泛的 UN/EDI-FACP 的子集，已经推广到一些其他行业，如医疗、建筑和出版等。

3. UN/EDIFACT

UN/EDIFACT 标准提供了一套语法规则的结构、互动交流协议，并提供了一套允许多国和多行业的电子商业文件交换的标准消息。在北美和欧洲，很多企业很早就采纳了 EDIFACT，所以应用很广泛。

4. HIPAA

HIPAA 是由美国国会颁布的健康保险可移植性和责任法案。HIPAA 的一个关键组成部分是为国家认证供应商、健康保险计划和雇主建立电子医疗交易和全国标识符的国家标准。建立该标准是为了通过鼓励广泛使用美国卫生保健系统的 EDI 标准，提高北美卫生保健系统的效率和效益。

5. ODETTE

ODE4TE 即欧洲电信传输数据交换组织，代表了欧洲汽车行业的利益。该组织相当于美国汽车工业行动集团（AIAG）之于北美。ODETTE 一直致力于开发通信标准，例如 OFTP 与 OITP2.0，使流程不断改善；又如物料管理原则/物流评估（MMOG/LE 的）和汽车业的具体文件标准等。

6. RosettaNet

RosettaNet 是一个由主要的计算机、消费类电子产品、半导体制造商、电信和物流公司，共同创造和实现全行业开放的电子商务流程标准。这些标准形成了一种共同的电子商务语言，在全球基础上保持供应链合作伙伴之间一致的进程。RosettaNet 的文档标准基于 XML 定义消息指引、业务流程接口和公司之间相互作用的实施框架。使用 RosettaNet 合作伙伴接口流程（PIPs），可以连接各种规模的贸易伙伴，以电子方式处理交易和移动信息到扩展的供应链。

7. SWIFT

环球银行金融电信协会（SWIFT）成立于 1973 年，总部设在布鲁塞尔。SWIFT 经营着一个世界性的金融通信网络，实现了银行和金融机构之间的消息交换。SWIFT 还向金融机构销售软件和服务，在 SWIFTNet 的网络上使用它。SWIFTNet 是交换 SWIFT 文件、FIN、InterAct 和 FileAct 的基础设施，用于编码这些文件以便传输。大部分银行同业拆息的消息使用 SWIFT 网络。目前，SWIFT 连接了 200 多个国家和地区的上万家金融机构和企业用户。SWIFT 文档标准分为四个方面：付款、服务贸易、证券和交易。

8. Tradacoms

这是一个早期的 EDI 标准，主要在英国零售业中使用。它最初在 1982 年推出，作为 I N/GTDI 的执行、EDIFACT 的前身之一，由英国货品编码协会（现在被称为 GS1 英国）维护和扩展。这个标准现在已经过时，因为它的开发在 1995 年停止了。

9. VDA

德国汽车工业联合会（VDA）为德国汽车行业内企业的需求开发标准和提供汽车工业实践的特殊要求，VDA 已开发超过 30 种报文，以满足如大众、奥迪、博世、大陆和戴姆勒公司的需要。

10. V1CS

自发跨产业商务标准（VICS）用于在北美的一般商品零售行业。这是一个 ANSI ASC X12 国家标准的子集。VICS 的 EDI 正在被数以千计的公司、部门和专业的零售商店、量贩店和各自的供应商采用。GS1 美国在 1988 年成为 VICS 电子数据交换的管理和行政机构。

（三）EDI 的工作过程

EDI 主要通过以下环节来完成工作：①甲企业的商务应用系统（EDP）产生一个原始文件，例如订货单。②EDI 转换软件自动将订货单转换成平面文件，作为向标准化格式转换的过渡。③EDI 翻译软件将上一步生成的平面文件转换成标准化格式报文。④通信软件将标准化报文放在含有乙方 EDI ID（识别号码）标识的电子信封里，并同时进行安全加密处理，然后通过 EDI 通信系统传输给乙方。⑤贸易伙伴乙收到电子信封后再进行反向操作，直到得到最初的原始订货单。这样就完成了一次电子数据传输。

对于企业而言，EDP 与转换软件和翻译软件之间的模块集成较为重要，三者之间应互相兼容，易于对话，以便快捷地生成标准化报文。对于 EDI 服务商而言，最重要的是如何保证数据在传输过程中的安全性。

（四）EDI 系统的三要素

一套完整的 EDI 模式主要是由 3 部分组成，分别为 EDI 标准、通信网络系统和计算机软硬件系统。其中，EDI 标准是结构化数据交换的关键，通信网络系统是数据交换的载体，计算机软硬件系统是生成和处理数据的工具，三要素互相协作，缺一不可，共同组成 EDI。

EDI 标准是整个 EDI 最关键的部分，由于 EDI 是以实现商定的报文格式进行数据传输和信息交换，因此制定统一的 EDI 标准至关重要。EDI 标准主要分为基础标准、代码标准、管理标准、应用标准、通信标准、安全保密标准等。

（五）EDI 的特点

1. EDI 使用电子方法传递信息和处理数据

EDI 一方面用电子传输的方式取代了以往纸质单证的邮寄和递送，从而提高了传输效率；另一方面，EDI 通过计算机处理数据取代人工处理数据，从而减少了差错和延误。

2. EDI 采用统一标准编制数据信息

这是 EDI 与电报、传真等其他传递方式的重要区别，电传、传真等并没有统一的格式标准，而 EDI 必须按照统一的标准才能实现。

3. EDI 是计算机应用程序之间的链接

EDI 实现的是计算机应用程序与计算机应用程序之间的信息传递与交换。由于计算机只能按照给定的程序识别和接收信息，所以电子单证必须符合标准格式并且内容完整准确。在电子单证符合标准格式且内容完整的情况下，EDI 系统不但能识别、接收、存储信息，还能对单证数据信息进行处理，自动制作新的电子单据并传输到有关部门。有关部门就自己发出的电子单证进行查询时，计算机还可以反馈有关信息的处理结果和进展状况；在收到一些重要电子邮件时，计算机还可以按程序自动产生电子收据并传回对方。

4. EDI 系统采用加密防伪手段

EDI 系统有相应的保障措施，EDI 传输信息通常是采用密码系统，各用户掌握自己的密码，可打开自己的"邮箱"取出信息，其他用户却不能打开这个"邮箱"。一些重要信息在传递时还要加密，为防止有些信息在传递过程中被篡改，或防止有人传递假信息，还可以使用证实手段，即将普通信息与转变成代码的信息同时传递给接收方；接收方把代码翻译成普通信息进行比较，如二者完全一致，可知信息未被篡改，也不是伪造的信息。通过 EDI 系统可以把信息转换成他人无法识别的代码，接收方计算机按特定程序译码后还原成可识别信息。

二、大数据与数据挖掘技术

（一）大数据的基本概念

研究机构 Gartner 对于大数据（Big Data）给出了这样的定义：大数据是需要新处理模式才能具有更强的决策力、洞察发现力和流程优化能力的海量、高增长率和多样化的信息资产。

大数据是指无法在一定的时间范围内用常规软件工具进行捕捉、管理和处理的数据集合。大数据技术的战略意义不在于掌握庞大的数据信息，而在于对这些含有意义的数据进行专业化处理。换言之，如果把大数据比作一种产业，那么这种产业实现盈利的关键，在于提高对数据的"加工能力"，通过"加工"实现数据的"增值"。

从技术上看，大数据与云计算的关系就像一枚硬币的正反两面一样密不可分。大数据必然无法用单台计算机进行处理，必须采用分布式架构。大数据的特色在于对海量数据进行分布式数据挖掘，但它必须依托云计算的分布式处理、分布式数据库和云存储、虚拟化技术大数据需要特殊的技术，从而有效地处理大量复杂的数据。适用于大数据的技术，包括大规模并行处理（MPP）数据库、数据挖掘电网、分布式文件系统、分布式数据库、云计算平台、互联网和可扩展的存储系统。

（二）大数据的特性

IBM 公司提出大数据有五个基本特征（5V），即数据规模大（volume）、数据种类多（variety），数据要求处理速度快（velocity）、数据价值密度低（value）、数据真实（Veracity）

（三）大数据的关键技术

大数据不仅仅是数据量大，最重要的是要对大数据进行分析，只有通过分析才能获得很多智能的、深入的、有价值的信息。

1. 可视化分析

大数据分析的最基本要求是可视化分析，因为可视化能够直观地呈现大数据的特点，同时容易被读者接受。

2. 数据挖掘算法

大数据分析的理论核心就是数据挖掘算法，各种数据挖掘算法基于不同的数据类型和格式，能更加科学地呈现出数据本身的特征。也正是因为这些被全世界统计学家公认的各种统计学方法，大数据分析才能深入数据内部，挖掘出数据的价值。另一方面，也是因为这些数据挖掘算法，才能快速地进行大数据处理。

3. 数据质量和数据管理

高质量的数据和有效的数据管理，无论是在学术研究还是在商业应用领域，都能够保证分析结果的真实性和价值性。当然，要更加深入地对大数据进行分析，还有很多专业的大数据分析方法需要去掌握和探索。

（四）大数据的发展趋势

1. 数据驱动创新

如今，数据已成为企业发挥竞争优势的基石。拥有丰富数据的企业将目光投向了"创新"，以丰富的数据为驱动，利用数据分析打造出高效的业务流程，助力自身战略决策，并在多个前沿领域超越其竞争对手。

2. 数据分析需先进的技术

大数据及分析将在今后取得重要进展，与大数据有关的软件、硬件和服务的全球开支将增长到上千亿美元；富媒体分析（视频、音频和图像）将成为很多大数据项目的一个重要驱动。以针对电商数据进行图像搜索为例，对图像搜索结果的分析要准确，且无须人工介入，这就需要强大的智能分析。未来，随着智能分析水平的不断提升，企业将获得更多机遇。

3. 预测分析必不可少

当前，具有预测功能的应用程序发展迅速。预测分析通过提高效率、评测应用程序本身、放大数据科学家的价值及维持动态适应性基础架构来提升整体价值。因此，预测分析功能正成为分析工具的必要组成部分。

4. 混合部署是未来趋势

IDC 预测在未来 5 年，在基于云计算的大数据解决方案上的花费将是本地部署解决方案费用的 4 倍之多，混合部署将必不可少。IDC 还表示，企业级元数据存储库将被用来关联"云内数据"和"云外数据"。企业应评估公共云服务商提供的产品，这有助于其克服大数据管理方面的困难。

5. 认知计算打开新世界

认知计算是一种改变游戏规则的技术，它利用自然语言处理和机器学习帮助实现人机自然交互，从而扩展人类知识。未来，采用认知计算技术的个性化应用可帮助消费者购买衣服、挑选酒，甚至创建新菜谱。IBM 最新的计算机系统 Watson 率先利用了认知计算技术。

第二节　电子商务安全

一、电子商务安全基础

电子商务以开放的互联网网络环境为基础，其重要的技术特征是使用网络来传输和处理商业信息。互联网的全球性、开放性、虚拟性、无缝链接性和共享性，使得任何人都可以自由接入，这样，电子商务的技术基础就存在先天的缺陷。开放性、共享性是一把双刃剑，使电子商务存在各种各样的安全隐患。因此，认识电子商务过程中的安全问题，并在此基础上对其进行全面防范是富有挑战性的工作。

由于互联网的发展，世界经济正在迅速地融为一体，而国家犹如一部巨大的网络机器。计算机网络已经成为国家的经济基础和命脉，计算机网络在经济和生活的各个领域正在迅速普及，整个社会对网络的依赖程度越来越大。众多的企业、组织、政府部门与机构都在组建和发展自己的网络，以充分共享、利用网络的信息和资源。网络已经成为社会和经济发展的强大动力，其地位越来越重要。伴随着网络的发展，也产生了各种各样的问题，其中安全问题尤为突出。

二、电子商务面临的安全威胁

电子商务是一个社会与技术相结合的综合性系统，它不仅与计算机系统结构有关，还与电子商务应用的环境、人员素质和社会因素有关，它包括环境安全、网络安全、信息安全和交易安全四个层次。

（一）环境安全

为了保证电子交易能顺利进行，电子交易所使用的基础设施必须安全可靠，否则一切技术、措施将变得没有意义环境安全是电子商务的根本，主要包括以下内容：

1. 机房环境安全

计算机网络设备大多是易碎品，不能受重压、强烈震动或强力冲击。同时，计算机设备对机房环境要求较高，如适当的温度、湿度，避免各种污染源等，要特别注意火灾、水灾，空气污染对设备构成的威胁。此外，人为的破坏也会造成相应的设备损坏。因此，需要相应的防盗手段及监控系统对计算机设备加以保护。

2. 电磁泄漏

计算机和其他一些网络设备大多数都是电子设备，当它工作时会产生电磁或无线信号的传输。特别是作为移动商务普及的今天，一台计算机或手机就像一部电台，向外传输带有信息的电磁波或通信信号。这样，非法之徒就可以利用先进的接收设备窃取网络机密信息。

3. 行政管理安全

缺乏相关的计算机网络、信息、电子商务安全管理的规章制度，如人员管理制度、保密制度、软件和数据的维护与备份制度等，缺乏对员工的相关法律制度教育，员工责任心、安全防范意识不强等，都可能影响行政管理安全。如因保密观念不强或不懂保密规则而造成泄密、因业务不熟练操作失误使文件出错或误发等，都是危害行政管理安全的体现。

4. 社会环境安全

安全的电子商务不能仅靠单一的手段（如技术或管理手段）还必须辅以法律、道德等手段，来最终保护参与电子商务各方的利益，这就是社会环境安全的体现。

（二）网络安全

计算机网络安全应保证信息系统资源的完整性、准确性，在有限的传播范围内，能向所有的合法用户有选择地随时提供各自应得到的网络服务。从逻辑上来讲，计算机网络安全需要保证客户端、服务器、网络接入设备、传输通信设备和网络系统等的安全稳定运行。具体来讲，网络安全应保证信息系统资源避免以下问题：

1. 黑客的恶意攻击

黑客一般泛指计算机信息系统的非法入侵者。黑客攻击已成为计算机网络面临的最大威胁。无论是个人、企业还是政府机构，只要进入计算机网络，都会感受到黑客带来的网络安全威胁，大到国家机密，小到商业秘密乃至个人隐私都可能随时被黑客发现并公布；更重要的是，黑客的攻击不仅使国家、组织或企业受损，更使公众对网络安全的信心受到打击：

2. 计算机病毒与木马

计算机病毒在《中华人民共和国计算机信息系统安全保护条例》中被明确定义为："指编制或者在计算机程序中插入的破坏计算机功能或者破坏数据，影响计算机使用并且能够自我复制的一组计算机指令或者程序代码。"[①] 木马是一类特殊病毒，通过木马，计算机可能被远程计算机监视与控制。病毒和木马具有隐蔽性，一旦发作能够实现破坏数据、删除文件、格式化磁盘等操作。目前，互联网成为病毒和木马的制造者、传播者，散发病毒的目标场所，时刻威胁着计算机网络的安全。

3. 软件漏洞与"后门"

在软件开发的过程中总会留下某些缺陷和漏洞，这些漏洞可能一时不会被发现，而只有被利用或某种条件得到满足时，才会显现出来。利用网络设计的缺陷或者漏洞是黑客突破网络的防护进入网络的主要手段之一。例如，微软的Windows系统、IE浏览器都不断被用户发现这样或那样的安全漏洞，并成为病毒、木马及黑客攻击的目标。某些软件被软件公司的设计和编程人员为了自便而设置了"后门"，一般不为外人所知，但一旦"后门"洞开，其造成的后果将不堪设想。

4. 网络协议的安全漏洞

互联网的服务都是通过各类网络协议完成的，如果协议存在安全上的缺陷，那么就可能不需要破解密码即可获得所需信息。实践证明，目前互联网常用的一些协议，如HTTP、FTP和Telnet在安全方面都存在一定的缺陷。当今许多黑客实现的成功攻击就是利用了这些协议的安全漏洞。实际上，网络协议的安全漏洞是当今互联网面临的较为严重的安全问题。

（三）信息安全

如果把电子商务的运转过程看作信息的流动，则在正常情况下，信息从信源流向信宿的整个过程不受任何第三方的介入和影响。目前，电子商务面临的信息安全威胁可以归纳为信息中断、信息窃取、信息篡改、假冒信息四种类型。信息

---

① 《中华人民共和国计算机信息系统安全保护条例》[J]. 信息网络安全，2005（6）：1.

中断指攻击者有意破坏和切断他人在网络上的通信；信息窃取指非法用户使用通信数据窃听的手段获得敏感信息；信息篡改指非法用户对合法用户之间的通信信息进行修改，再发送给接收者；假冒信息指攻击者假冒发送者的身份伪造一份信息传送给接收者。

（四）交易安全

由于网络的虚拟性、交易各方非面对面的交易特征，使参与电子商务交易的各方（销售方和购买方）都面临不同形式和不同程度的安全威胁。交易安全问题主要涉及隐私、商业数据、身份真实、商家诚信、货款支付、商品送达和买卖纠纷处理等。总的来说，交易安全在信用风险、隐私问题和网络诈骗方面表现得比较突出。

1. 信用风险

信用风险是指交易双方信任缺失造成的交易障碍，主要分为卖方信用风险、买方信用风险和否认交易风险。信任的缺失主要发生在充满不确定性和风险的环境中。网络交易环境的虚拟性，使得信任在网络交易过程中所起的作用超过了它在传统交易活动中所起的作用，人们对于交易双方的真实性更难判断。

2. 隐私问题

隐私问题主要表现为客户个人隐私或身份数据在传递过程中可能被窃听，而被卖方泄露。比如 Cookies 的使用，引入 Cookies 的初衷是为了网站可以通过记录客户的个人资料、访问偏好等信息实现一些高级功能，例如电子商务身份验证。可是，有的网站和机构滥用 Cookies，未经访问者的许可，搜集他人的个人资料，达到构建用户数据库、发送广告等目的。和黑客问题相比，隐私保护问题离广大网民的距离更近一些。用户在使用个人网络账户及资源时，一些不当的操作或不好的习惯都有可能导致个人隐私泄露。

3. 网络诈骗

网络诈骗随着电子商务的发展而日益猖獗，可能使买方蒙受巨大损失。"网络钓鱼"是当前最为常见也较为隐蔽的网络诈骗形式。所谓"网络钓鱼"，是指犯罪分子通过使用"盗号木马""网络监听"以及伪造的假网站或网页等手法，盗取用户的银行卡账号、证券账号、密码信息和其他个人资料，然后以转账盗款、网上购物或制作假卡等方式获取利益。此外，随着移动商务的普及和发展，移动终端的安全问题也日益突出，诸如利用非法 Wi-Fi 或利用植入了木马程序的二维码行骗的案例也层出不穷。

三、电子商务的安全需求

(一) 认证性 (交易身份的真实性)

认证性 (交易身份的真实性) 是指交易双方在进行交易前应能鉴别和确认对方的身份，交易者的身份是确实存在的，不是假冒的。在传统的交易中，交易双方往往是面对面进行活动的，这样很容易确认对方的身份。然而网上交易的双方很可能素昧平生、相隔千里，并且整个交易过程中可能不见一面。为保证交易成功，首先要能确认对方的身份，商家要考虑客户是不是骗了，而客户也会担心网上的商店是不是一个玩弄欺诈的黑店。因此，电子商务的首要安全需求就是要保证身份的认证性，一般可通过认证机构和证书来实现。

(二) 保密性

保密性是指交易过程中必须保证信息不会泄露给非授权的人或实体。传统的纸面贸易都是通过邮寄封装的信件或通过可靠的通信渠道发送商业报文来达到保守机密的目的。电子商务则建立在一个开放的网络环境上，当交易双方通过互联网交换信息时，如果不采取适当的保密措施，那么其他人就有可能知道交易双方的通信内容；另外，存储在网络上的文件信息如果不加密的话，也有可能被黑客窃取。上述种种情况都有可能造成敏感商业信息的泄露，导致商业上的巨大损失。因此，要预防非法的信息存取和信息在传输过程中被非法窃取。信息的保密性一般通过密码技术对传输的信息进行加密处理实现。如果侵犯隐私的问题不能解决，参与电子商务对个人用户而言是一件很危险的事。

(三) 完整性

完整性也称不可修改性是指信息在传输过程中能够保持一致性，并且不被未经授权者修改电子商务简化了贸易过程，减少了人为的干预，同时也带来维护贸易各方商业信息的完整性和统一性问题。数据输入时的意外差错或欺诈行为，可能会导致贸易各方信息的差异另外，数据传输过程中信息的丢失、信息重复或信息传送的次序差异也会导致贸易各方信息的不同。因此，贸易各方信息的完整性将关系到贸易各方的交易和经营策略，保持贸易各方信息的完整性是电子商务的基础。一般可通过提取信息摘要的方式来保持信息的完整性。

(四) 不可抵赖性 (不可否认性)

不可抵赖性 (不可否认性) 是指信息的发送方不可否认已经发送的信息，接收方也不可否认已经收到的信息。在传统的纸面贸易中，贸易双方通过在交易合同、契约或贸易交易所书面文件上的手写签名或印章来鉴别贸易伙伴，确定合同、契约、交易的可靠性，并预防抵赖行为的发生，这也就是人们常说的"白纸黑字"。在电子商务方式下，通过手写签名和印章进行鉴别已是不可能的了。因此要求在交易信息的传输过程中为参与交易的个人、企业或国家提供可靠的标识，一旦签订交易后，这项交易就应受到保护，交易不可撤销，交易中的任何一方都不得否认其在该交易中的作为。一般可通过对发送的消息进行数字签名来实现信息的不可抵赖性。

（五）可靠性和可用性

可靠性和可用性也称不可拒绝性，是指电子商务服务商应为用户提供稳定可靠的服务，保证授权用户能够使用和访问网站的服务和资源，能够对网络故障、操作错误、应用程序错误、硬件故障、系统软件错误、计算机病毒以及攻击者对交易信息修改所产生的潜在威胁加以控制和预防，以保证交易数据在确定的时刻、确定的地点是可靠的。电子商务以电子形式取代了纸张，如何保证这种电子形式贸易信息的有效性则是开展电子商务的前提。因此一般通过防火墙、入侵检测、反病毒、漏洞扫描、数据备份与恢复等技术来实现。

四、电子商务的安全对策

电子商务的安全问题是制约电子商务发展的关键所在，根据电子商务的安全需求，解决安全问题从技术、管理和法律等多方面来考虑。该体系由 5 层构成：网络服务层、加密控制层、安全认证层、安全协议层和应用系统层。下层是上层的基础，为上层提供技术支持；上层是下层的扩展与递进。各层次之间相互依赖、相互关联，构成统一整体。各层通过控制技术的递进实现电子商务系统的安全。

为了保障电子商务的安全，需要方方面面的参与与努力，所以构建电子商务安全框架需要考虑整体的环境安全。在行政管理方面应制定企业内部、外部网络安全规划和标准，在规划和标准的指导下制定详细的安全行为规范（包括各种硬软件设备使用和维护权限的管理办法、网络系统登录和使用的安全保障管理办法、数据维护和备份的管理规定等），特别要注意安全条例的执行保障，确定网络管理的目标和标准。在法律法规方面，电子商务交易各方应明确各自需要遵守的法律义务和责任，需要制定完善的法律体系来维持虚拟世界的秩序。总之，环境安全层可依靠法律手段、行政手段和技术手段的完美结合来最终保护参与由于商务各方的利益。

电子商务系统是依赖网络实现的商务系统，需要利用互联网基础设施和标准，所以需要一系列维护电子商务正常运行的计算机网络安全技术，例如计算机日常维护技术、操作系统安全、防火墙技术、反黑客与反病毒技术、漏洞扫描检测技术和漏洞修复技术等各种网络安全防范措施与技术。这些技术是各种电子商务应用系统的基础，并提供信息传送的载体和用户接入的手段及安全通信服务，保证网络最基本的运行安全。

为确保电子商务系统全面安全，必须建立完善的加密技术、安全认证和交易协议机制。加密控制层是保证电子商务系统安全所采用的最基本安全措施，它用于满足电子商务对保密性的需求。安全认证层是保证电子商务安全的又一必要手段，它对加密控制层中提供的多种加密算法进行综合运用，进一步满足电子商务对完整性、抗否认性、可靠性的要求。安全协议层是加密控制层和安全认证层的安全控制技术的综合运用和完善，它为电子商务安全交易提供了保障机制和交易标准。

电子商务应用系统包括了 C2C、B2B、B2C 和 B2G 等各类电子商务应用系统及商业解决方案，消费者或企业都必须掌握一系列的电子商务交易风险防范技术，确保网络购物或网络贸易的交易安全。用于保障电子商务的安全控制技术很多，层次各不相同，但并非把所有安全技术简单地组合就可以得到可靠的安全。为满足电子商务在安全服务方面的要求，基于互联网的电子商务系统使用除保证网络本身运行的安全技术外，还用到了依据电子商务应用自身特点定制的一些重要安全技术。

第三节　电子商务支付

一、电子支付

（一）电子支付的定义

电子支付是指从事电子商务交易的当事人，包括消费者（买家）、厂商（卖家）和金融机构，通过信息网络，使用安全的信息传输手段，采用数字化方式进行的货币支付或资金流转。

（二）电子支付的特点

电子支付的工作环境是基于一个开放的系统平台，即互联网；而传统支付则是在较为封闭的系统中运作。电子支付是在开放的网络中通过先进的数字流转技术来完成信息传输的，其各种支付方式都是采用电子化方式进行款项支付的；而传统支付是在线下完成的，通常是现金支付或刷卡消费。电子支付对软、硬件设施有很高的要求，一般要求有联网的计算机、相关的软件及一些配套设施；而传统支付没有这样的要求，只要双方面对面即可完成支付。电子支付具有方便、快捷、高效、经济的优势，用户只需通过 PC 端或无线端，就可足不出户，在极短时间将款项支付给收款方，且支付的手续费用十分低廉。

（三）电子支付系统的定义及其构成

1. 电子支付系统的定义

电子支付系统是采用数字化、电子化形式进行电子货币数据交换和结算的网络银行业务系统。

2. 电子支付系统的构成

基于互联网的电子交易支付系统由客户、商家、认证中心、支付网关、客户银行、商家银行和金融专用网络七个部分构成。

（1）客户

客户一般是指利用电子交易手段与企业或商家进行电子交易活动的单位或个人。客户通过电子交易平台与商家交流信息，签订交易合同，用自己拥有的网络支付工具进行支付。

（2）商家

商家是指向客户提供商品或服务的单位或个人。电子支付系统必须能够根据客户发出的支付指令向金融机构请求结算，这一过程一般是由商家设置的一台专门服务器来处理的。

（3）认证中心

认证中心是交易各方都信任且公正的第三方中介机构，它主要负责为参与电子交易活动的各方发放和维护数字证书，以确认各方的真实身份，保证电子交易整个过程的安全稳定进行。

（4）支付网关

支付网关是完成银行网络和因特网之间的通信、协议转换和进行数据加、解密，保护银行内部网络安全的一组服务器支付网关是互联网公用网络平台和银行内部金融专用网络平台之间的安全接口，电子支付的信息必须通过支付网关进行处理后才能进入银行内部的支付结算系统。

（5）客户银行

客户银行也称为发卡行，是指为客户提供资金账户和网络支付工具的银行。在利用银行卡作为支付工具的网络支付体系中，客户银行根据不同的政策和规定，保证支付工具的真实性，并保证对每一笔认证交易的付款。

（6）商家银行

商家银行是为商家提供资金账户的银行。商家银行是依据商家提供的合法账单来工作的，所以也被称为收单行。客户向商家发送订单和支付指令，商家将收到的订单留下，将客户的支付指令提交给商家银行，然后商家银行向客户银行发出支付授权请求，并进行它们之间的清算工作。

（7）金融专用网络

金融专用网络是银行内部及各银行之间交流信息的封闭专用网络，通常具有较高的稳定性和安全性。

二、常用的电子支付工具

（一）银行卡

银行卡是由商业银行等金融机构及邮政储汇机构向社会发行的具有消费信用、转账结算、存取现金等全部或部分功能的信用支付工具。因为各种银行卡都是塑料制成的，又用于存取款和转账支付，所以又称之为"塑料货币"。银行卡包括借记卡和信用卡两种。

1. 借记卡

借记卡（Debit Card）是指先存款后消费（或取现）、没有透支功能的银行卡。借记卡具有转账结算、存取现金、购物消费等功能。按照功能的不同，借记卡可分为转账卡、专用卡及储值卡。

2. 信用卡

信用卡是银行向个人和单位发行的，凭此向特约单位购物、消费和向银行存取现金的银行卡。信用卡的形式是一张正面印有发卡银行名称、有效期、号码、持卡人姓名等内容，卡面有芯片、磁条、签名条。信用卡由银行或信用卡公司依照用户的信用度与财力发给持卡人，持卡人持信用卡消费时无须支付现金，待账单日时再进行还款。信用卡持卡人刷卡消费享有免息期，在还款日前还清账单金额不会产生费用；取现无免息还款期，从取现当日起按日收取万分之二的利息，银行还会收取一定比例的取现手续费。

根据清偿方式的不同，信用卡分为贷记卡和准贷记卡。

（1）贷记卡

贷记卡是指发卡银行给予持卡人一定的信用额度，持卡人可在信用额度内先消费、后还款的信用卡。

（2）准贷记卡

准贷记卡是指持卡人先按银行要求交存一定金额的备用金，当备用金不足支付时，可在发卡银行规定的信用额度内透支的信用卡。

（二）智能卡

1. 智能卡的内涵

智能卡是在塑料卡上安装嵌入式微型控制器芯片的 IC 卡智能卡是在法国问世的。

十几年前，手机还未普及使用，当时广泛使用的 IC 电话卡就是智能卡。IC 电话卡也叫集成电路卡，在其卡面上镶嵌着一个集成电路（IC）芯片。使用 1C 电话卡插入电话机读卡器可实现通话，由话机自动削减卡内储值的公用电话叫 IC 卡公用电话，相应的电话卡叫 IC 电话卡。IC 电话卡的芯片是具有存储、加密及数据处理能力的集成电路芯片，而塑料卡片则用于嵌入集成电路芯片，从而方便用户携带。

2. 智能卡推广应用中的障碍

①智能卡制作成本高。由于智能卡的芯片具有存储、加密及数据处理的能力，所以制卡成本较高。②不能实现一卡多能、一卡多用。由于不同种类的智能卡和读写器之间不能跨系统操作，智能卡需与特定读写器相互匹配才能使用，因此智能卡的用途较为单一，不能实现多功能、多用途合一。

（三）电子钱包

1. 电子钱包的定义

电子钱包是电子商务活动中顾客购物常用的一种支付工具，是在小额购物或购买小商品时常用的新式"钱包"。

电子钱包的功能和实际钱包一样，可存放信用卡、电子现金、所有者的身份证书、所有者地址以及在电子商务网站的收款台上所需的其他信息。

2. 电子钱包的工作原理

使用电子钱包的顾客通常要在有关银行开立账户。在使用电子钱包时，先安装相应的应用软件，然后利用电子钱包服务系统把电子货币输进电子钱包（等同于把钱放进电子钱包中)。在发生收付款时,用户只需在手机或计算机上单击相应项目(或相应图标)。因此,采用电子钱包支付的方式也称为单击式或点击式支付。

3. 常用的电子钱包

(1)微信钱包

微信钱包嵌在微信 App 中,以绑定银行卡的快捷支付为基础,向用户提供安全、快捷、高效的支付服务。

微信钱包可支持的功能包括腾讯服务和第三方服务。其中,腾讯服务包括信用卡还款、手机充值、理财通、生活缴费、Q 币充值、城市服务、腾讯公益、保险服务等,第三方服务包括火车票和机票、滴滴出行、京东优选、美团外卖、电影演出赛事、吃喝玩乐、酒店、蘑菇街女装、唯品会特卖、转转二手等。

(2)支付宝钱包

支付宝钱包是国内领先的移动支付平台,内置风靡全国的平民理财神器余额宝及海外到店买、阿里旅行、天猫超市等链接,还支持发红包、转账、购买机票和火车票、生活缴费、滴滴打车出行、购买电影票、收款、手机充值、预约寄快递、信用卡还款、购买彩票、爱心捐赠、点外卖、加油卡充值、话费卡转让、校园一卡通充值、城市服务、股票查询、汇率换算等功能。使用支付宝钱包还可以去便利店及超市购物、去售货机购买饮料。

此外还有 QQ 钱包、百度钱包等。

(四)微支付

微支付是指在互联网上进行的小额资金支付(单笔交易金额小于 10 美元)。这种支付机制有着特殊的系统要求,在满足一定安全性的前提下,要尽量少地传输信息,具有较低的管理和存储需求,即速度和效率要求比较高。这种支付形式就称为微支付。现在常说的微支付,主要是指微信支付。

(五)代币

代币是由公司而不是政府发行的数字现金。代币不同于电子货币,许多代币不能兑换成现金,只能用于交换代币发行公司所提供的商品或服务。

三、第三方支付

(一)第三方支付的定义

第三方支付是指和国内外各大银行签约,并由具备一定实力和信誉保障的第三方独立机构提供的交易支持平台。

（二）常用的第三方支付平台

1. 国内知名的第三方支付平台

（1）支付宝平台

a. 支付宝

支付宝（中国）网络技术有限公司是国内领先的独立第三方支付平台，由阿里巴巴集团创办。支付宝致力于为中国电子商务提供"简单、安全、快速"的在线支付解决方案。支付宝公司始终以"信任"作为产品和服务的核心，不仅从产品上确保消费者、买家在线支付的安全，同时让消费者、买家通过支付宝在网络间建立起相互信任，为建设纯净的互联网环境迈出了非常有意义的一步。

b. 支付宝的"担保交易服务"原理

支付宝的"担保交易服务"原理为：买家下单后付款到支付宝；在订单交易状况显示"买家已付款"后卖家发货；买家收到货，检查无误后确认收货，输入支付密码；支付宝将钱款打给卖家。

（2）财付通平台

a. 财付通

财付通是腾讯推出的专业在线支付平台，其核心业务是帮助在互联网上进行交易的双方完成支付和收款，致力于为互联网用户和企业提供安全、便捷、专业的在线支付服务。个人用户注册财付通后，即可在拍拍网及 20 多万家购物网站轻松购物。财付通支持全国各大银行的网银支付，用户也可以先对财付通充值，享受更加便捷的财付通余额支付体验。

财付通提供有充值、提现、支付、交易管理、信用卡还款业务、"财付券"服务、生活缴费业务、彩票购买等业务。

b. 虚拟物品中介保护交易功能

如果用户是腾讯旗下网络游戏的玩家，那么在用户出售游戏装备、游戏币的时候，可以通过财付通里的虚拟物品中介保护交易来进行操作，买卖双方通过 E-mail 通知进行付款、发货的操作。如果用户通过财付通进行游戏交易被骗，则可以直接联系财付通客服进行投诉，客服会调查买卖双方的后台交易数据，只要双方确实有过交易，后台有交易数据记录，那么客服就会帮助受害者找回游戏装备。

四、移动支付

(一) 移动支付的定义

移动支付论坛对移动支付给出了如下定义：移动支付（Mobile Payment）也称为手机支付，是指交易双方为了某种货物或者服务，以移动终端设备为载体，通过移动通信网络实现的商业交易。移动支付所使用的移动终端可以是手机、PDA，移动 PC 等。单位或个人通过移动设备、互联网或者近距离传感直接或间接向银行等金融机构发送支付指令产生货币支付与资金转移行为，从而实现移动支付功能。移动支付将终端设备、互联网、应用提供商以及金融机构相融合，为用户提供货币支付、缴费等金融业务。

(二) 移动支付的分类

移动支付主要分为近场支付和远程支付两种。

1. 近场支付

近场支付是指消费者在购买商品或服务时，即时通过手机向商家进行支付，支付的处理在现场进行，使用手机射频（NFC）、红外、蓝牙等通道，实现与自动售货机以及 POS 机的本地通信。

2. 远程支付

远程支付是指通过发送支付指令（如网银、电话银行、手机支付等）或借助支付工具（如通过邮寄、汇款）进行的支付方式。

(三) 通信运营商移动支付

1. 中国联通沃支付

沃支付是联通支付有限公司的支付品牌，致力于为用户、商户提供安全快速的网上支付、手机支付服务，及手机费、水电煤缴费、彩票、转账等生活服务应用。

手机钱包业务是中国联通联合多家银行、公交一卡通公司等合作伙伴，推出的一项综合型支付业务。手机钱包利用联通 SWP 卡的安全控件通过客户端下载、预置、营业厅写卡等多种渠道将合作伙伴的多种卡应用加载到联通 SWP 卡中，使联通手机既支持原有通信功能又支持"刷"手机消费、乘车。

2. 中国移动和包

中国移动和包（原名"手机支付""手机钱包"）是中国移动面向个人和企业客

户提供的一项领先的综合性移动支付业务,用户开通和包业务,即可享受线上支付(互联网购物、充话费、生活缴费等);持 NFC 手机和 NFC-SIM 卡的用户,可享受和包刷卡功能,把银行卡、公交卡、会员卡"装"进手机里,实现特约商家(便利店、商场、公交、地铁等)线下消费。

3. 中国电信翼支付

翼支付是中国电信为消费者提供的综合性支付服务,消费者申请翼支付业务后,将获得内置翼支付账户和本地市政公交一卡通电子钱包的翼支付卡,消费者不但可以申请使用翼支付账户进行远程和近场支付,将钱存入翼支付卡上内置的市政公交或城市一卡通电子钱包后,还可以使用手机在本地市政公交一卡通或城市一卡通覆盖领域进行现场"刷"手机消费,如在公交、地铁、出租车、特约商户(如超市、商场)等场所使用。

(四)银联云闪付

中国银联携手商业银行、支付机构等产业各方共同发布银行业统一 App "云闪付"。云闪付是银联移动支付新品牌,旗下各产品使用了 NFC、HCE 和二维码等技术,可实现手机等移动设备在具有银联 "Quick Pass" 标识的场景中进行线上、线下支付,同时也支持远程在线支付。

云闪付系列产品采用了云计算技术,银行卡关键信息的生成、验证、交易监控都在云端完成。云闪付包括与银行、国内外手机厂商、通信运营商等合作方联合开发的各类移动支付产品。云闪付旗下产品包括银联云闪付 HCE、银联云闪付 Apple Pay,银联云闪付 Samsung Pay、银联云闪付 Huawei Pay、银联云闪付 Mi Pay、银联钱包等。

五、网上银行

(一)网上银行的定义

网上银行又称网络银行、在线银行,是指基于 Internet 平台开展和提供各种金融服务的新型银行机构与服务形式。银行利用 Internet 技术,向客户提供开户、查询、对账、行内转账、跨行转账、信贷、网上证券、投资理财等传统服务项目,使客户可以足不出户就能够安全便捷地管理活期和定期存款、支票、信用卡及开展个人投资等。网上银行又被称为 "3A 银行",因为它不受时间、空间限制,能够在任何时间(Anytime)、任何地点(Anywhere)以任何方式(Anyway)

为客户提供金融服务。

(二) 网上银行的类型

1. 虚拟银行

虚拟银行即没有实际物理柜台作为支持的网上银行，这种网上银行一般只有一个办公地址，没有分支机构，也没有营业网点，采用国际互联网等高科技服务手段与客户建立密切的联系，提供全方位的金融服务。

2. 传统银行的网上服务

传统银行利用互联网作为新的服务手段为客户提供在线服务，实际上是传统银行服务在互联网上的延伸，这是网上银行存在的主要形式，也是绝大多数商业银行采取的网上银行发展模式。

(三) 网上银行的特点

1. 全面实现无纸化交易

以前使用的票据和单据大部分被电子支票、电子汇票和电子收据代替；原有的纸币被电子货币，即电子现金、电子钱包、电子信用卡代替；原有纸质文件的邮寄变为通过数据通信网络进行传送。

2. 服务方便、快捷、高效、可靠

通过网络银行，用户可以享受到方便、快捷、高效和可靠的全方位服务。用户可在任何时候使用网络银行的服务，不受时间、地域的限制，即实现"3A"服务。

3. 经营成本低廉

网络银行采用了虚拟现实信息处理技术，在保证原有业务量不降低的前提下，减少营业网点的数量。同时，用户通过网上银行自助操作，可以为银行节省大量运营费用，银行可以通过降低操作手续费，鼓励用户进行自助操作。

4. 简单易用

只要会上网及掌握计算机简单操作的用户都可以无门槛地操作网上银行，无须经过专门培训，因此网上银行的使用易于广泛普及。

(四) 网上银行的优势

1. 大幅降低银行经营成本，有效提高银行盈利能力

开办网上银行业务，主要利用公共网络资源，不需设置物理的分支机构或营

业网点，减少了银行的人员费用，提高了银行后台系统的效率。

2. 无时空限制，有利于扩大客户群体

网上银行业务打破了传统银行业务的地域、时间限制，能在任何时候、任何地方以任何方式为客户提供金融服务，这既有利于吸引和保留优质客户，又能主动扩大客户群，开辟新的利润来源。

3. 有利于服务创新，向客户提供多种类、个性化服务

通过银行营业网点销售保险、证券和基金等金融产品，往往受到很大限制，主要是由于一般的营业网点难以为客户提供详细的、低成本的信息咨询服务。利用互联网和银行支付系统，容易满足客户咨询、购买和交易多种金融产品的需求，客户除办理银行业务外，还可以很方便地在网上进行买卖股票债券等操作，网上银行能够为客户提供更加合适的个性化金融服务。

（五）网上银行的业务品种

网上银行的业务品种主要包括基本业务、网上投资、网上购物、网上个人理财、企业银行及其他金融服务。

1. 基本业务

商业银行提供的基本网上银行服务包括在线查询账户余额、交易记录，下载数据、转账和网上支付等。

2. 网上投资

由于金融服务市场发达，可以投资的金融产品种类众多，国外的网上银行一般提供包括股票、期权、共同基金投资和信用违约掉期合约买卖等多种金融产品服务。

3. 网上购物

商业银行网上银行设立的网上购物平台，大大方便了客户网上购物，为客户在相同的服务品种上提供了优质的金融服务或相关的信息服务，加强了商业银行在传统竞争领域的竞争优势。

4. 网上个人理财

网上个人理财是国外网上银行重点发展的一个服务品种。各大银行将传统银行业务中的理财助理转移到网上进行，通过网络为客户提供理财的各种解决方案，提供咨询建议，或者提供金融服务技术的援助，从而极大地扩大了商业银行的服务范围，并降低了相关的服务成本。

5. 企业银行

企业银行服务是网上银行服务中最重要的部分之一。网上银行的企业银行服

务品种比个人客户的服务品种更多，也更为复杂，对相关技术的要求也更高，所以能够为企业提供网上银行服务是商业银行实力的象征之一，一般中小网上银行或纯网上银行只能提供部分服务，甚至完全不提供这方面的服务。

企业银行服务一般提供账户余额查询、交易记录查询、总账户与分账户管理、转账、在线支付各种费用、透支保护、储蓄账户与支票账户资金自动划拨、商业信用卡等服务。此外，有的网上银行还提供投资服务等；部分网上银行还为企业提供网上贷款业务。

6. 其他金融服务

除了银行服务外，大型商业银行的网上银行均通过自身或与其他金融服务网站联合的方式，为客户提供多种金融服务产品，如保险、抵押和按揭等，以扩大网上银行的服务范围。

六、海淘的支付方式

（一）海淘

海淘即海外或境外购物，就是通过互联网检索海外商品信息，并通过电子订购单发出购物请求，然后填上私人信用卡号码，由海外购物网站通过国际快递发货，或是由转运公司代收货物再转寄回国。海淘的一般付款方式是款到发货（在线信用卡付款、PayPal 账户付款）。

（二）海淘的支付方式

1. 双币信用卡

双币信用卡是同时具有人民币和美元两种结算功能的信用卡，在国内通过银联可以实现人民币结算，出国后可以在支持 VISA 或者 Master Card 的商户消费或银行取款机上取款，并且以美元进行结算。

牡丹运通商务卡在国内银联及国外美国运通的特约商户都能方便地使用；境内使用人民币结算，境外使用美元结算。

2. 财付通

开通财付通运通国际账号，就可以财付通会员折扣价选购海量境外商家精品，并使用财付通完成支付。即使没有国际信用卡或双币信用卡，也可以通过财付通运通国际账号使用人民币进行支付，对于仅接收美国境内发行卡的国外购物网站也畅通无阻。同时，为了方便财付通用户海外购物，财付通与部分转运公司合作，开通运通国际账号时会自动分配境外转运地址（账单地址），用户可以直接使用财付通提供的转运地址。

七、互联网金融

互联网金融（ITFIN）是指传统金融机构与互联网企业利用互联网技术和信息通信技术实现资金融通、支付、投资和信息中介服务的新型金融业务模式。互联网金融是传统金融行业与互联网技术相结合的新兴领域。

（一）第三方移动支付

1. 第三方移动支付的类别划分

按机构主体不同，第三方移动支付可分为非独立第三方、独立第三方、国有控股、国有参股、民营资本等第三方移动支付类型；按支付过程不同，第三方移动支付可分为远程支付、近场支付、微支付、宏支付、即时支付、担保支付等第三方移动支付类型；按支付业务不同，第三方移动支付可分为面向消费者和面向行业的第三方移动支付类型。

2. 第三方移动支付的特征

第三方移动支付具有多元化、社交化、营销化、金融化等特征。

（二）众筹

众筹即大众筹资或群众筹资，是指用"赞助+回报"的形式，向网友募集项目资金的模式。众筹利用互联网和社交网络服务的传播特性，让许多有梦想的人可以向公众展示自己的创意，发起项目争取别人的支持与帮助，进而获得所需要的援助；支持者则会获得实物、服务等不同形式的回报。

现代众筹是指通过互联网方式发布筹款项目并募集资金相对于传统的融资方式，众筹更为开放，能否获得资金也不再仅以项目的商业价值作为唯一标准。只要是网友喜欢的项目，都可以通过众筹方式获得项目启动的第一笔资金，为更多小本经营或创作的人提供了无限的可能：

淘宝众筹是一个发起创意、梦想的平台，不论淘宝卖家、买家、学生、白领、艺术家、明星，如果有一个想完成的计划（如电影、音乐、动漫、设计、公益等），都可以在淘宝众筹发起项目向大家展示计划，并邀请赞赏者给予资金支持。如果愿意帮助别人，支持别人的梦想，也可以在淘宝众筹浏览到各行各业的人发起的项目计划，成为发起人的梦想合伙人；梦想合伙人见证项目成功后，还会获得发起人给予的回报。

第四章　网络营销基础

第一节　网络营销概述

一、网络营销的内容与特点

网络营销作为一个以现代信息技术为依托的新生事物，在市场营销中具有很多传统营销不具备的优势，并受到人们越来越多的关注。

（一）网络营销的概念

网络营销同许多新兴学科一样，由于研究人员对网络营销的研究角度不同，对网络营销的概念有不同的描述。

从"营销"的角度出发，我们将网络营销定义为：网络营销（e-Marketing）是企业整体营销战略的组成部分，是以互联网（Internet）为基础，通过数字化的信息和网络媒体的交互性来更有效地满足顾客的需求和欲望，从而实现企业营销目标的一种新型的市场营销方式。

网络营销仍然属于市场营销的范畴，但与传统营销的手段和理念相比又有了很大的变网化，因此，网络营销的内涵可以从以下几个方面来理解。

1. 网络营销离不开现代信息技术

网络营销是借助互联网、通信技术和数字交互式媒体进行的营销活动，它主要是随着信息技术、通信卫星技术、电子交易与支付手段的发展，尤其是国际互联网的出现而产生的，并将随着信息技术的发展而进一步发展。

2. 网络营销是一种新型的直销营销模式

网络营销是一种新型的直销营销模式，但网络营销不单纯是网上销售，它是企业现有营销体系的有利补充，是将传统的营销手段应用到网络上去，减少营销成本，开拓新市场。

网络营销的效果可能表现在多个方面，例如企业品牌价值的提升，加强与客户之间的沟通，作为一种对外发布信息的工具等，网络营销活动并不一定能实现网上直接销售的目的，但是，很可能有利于增加总的销售，提高顾客的忠诚度。

网上销售的推广手段也不仅仅靠网络营销，往往要采取许多传统的方式，如传统媒体广告、发布新闻、印发宣传册等。

3. 网络营销的本质是满足顾客和企业的需求

网络营销的本质仍然是通过商品交换来同时满足企业与消费者的需求。消费者需求内容与需求方式的变化是网络营销产生的根本动力，网络营销的起点是顾客需求，最终实现的是顾客需求的满足和企业利润最大化，因此，网络营销必须以追求顾客满意为中心。如何利用作为提供商品交换手段的网络技术，来满足企业与消费者的需求，是网络营销的本质所在。

4. 网络营销贯穿营销活动的全过程

网络营销包括从产品生产之前到产品售出之后全过程中的所有活动，其实质是利用互联网对产品的售前、售中、售后各环节进行即时、双向的信息沟通和跟踪服务。它自始至终贯穿于企业经营的全过程，包括市场调查、客户分析、产品开发、销售策略、客户服务与管理等方面。信息发布、信息收集、客户服务以及各种网上交易活动，都是网络营销的重要内容。

5. 网络营销建立在传统营销理论基础上

网络营销建立在传统营销理论基础之上的，不是简单的营销网络化。4P 策略（产品策略 Product、价格策略 Price、渠道策略 Place，促销策略 Promotion）等市场营销理论对于网络营销来说都是值得借鉴的经验，网络营销理论是传统营销理论在互联网中的应用和发展。

作为一种新的营销方式或技术手段，网络营销活动不可能脱离一般营销活动而独立存在，网络营销是企业整体营销战略的一个组成部分，是利用互联网开拓市场并满足客户需要的活动，在实际运用中网络营销要与传统营销结合起来才能收到良好的效果。

（二）网络营销的内容

网络营销作为新的营销方式和营销手段，其内容非常丰富。一方面，网络营销要为企业提供有关网上虚拟市场的消费者的特征和个性化需求；另一方面，网络营销要在网上开展营销活动以实现企业的目标。网络营销的主要内容可以概括为以下几点。

1. 网络市场调研

网络市场调查研作为一种新的调研方式已经受到国内外企业的广泛重视。网络市场调研是企业利用各种网络技术资源进行信息收集、整理与分析的过程。其途径为直接在网上通过问卷进行调查，还可以通过网络来收集市场调查中需要的一些二手资料。网络市场调研的内容主要包括对消费者、竞争对手以整个市场情况的及时报道和准确分析。

利用网上调查工具，可以提高调查效率和加强调查效果。可以利用网络的互动性，通过顾客参与使企业更好地了解市场的需求，由于网络的传输速度快，可以保证市场调研的及时性，网络调研者可以及时发布其调查问卷，被调查者可以方便地回答各种问题，调研者可以快速便捷地对反馈的数据进行整理和分析，可以在信息海洋中获取想要的信息和分辨出有用的信息，大大地降低市调研的人力和物力耗费。

2. 网络消费者行为分析

网络消费者作为一个特殊群体，它有着与传统市场群体截然不同的特性，因此要开展有效的网络营销活动必须深入了解网络消费群体的需求特征、购买动机和购买行为模式。通过互联网这个信息沟通平台，许多有相同兴趣和爱好的消费者聚集和交流，在网上形成了一个个特征鲜明的虚拟社区，了解这些不同虚拟社区的消费群体的特征和偏好，是网络消费者行为分析的关键。

3. 网络营销策略制定

不同企业在市场中所处的地位是不同的。为了实现企业营销目标在进行网络营销时，必须采取与企业相适应的营销策略。因为网络营销虽然是非常有效的营销工具，但企业实施网络营销时是需要进行投入并且具有风险的，企业在制定网络营销策略时，还应该考虑到各种因素对营销策略制定的影响。

4. 网上产品和服务策略

网络作为信息有效的沟通渠道，它可以成为一些无形产品（如软件和远程服务）的载体，改变了传统产品的营销策略，特别是渠道的选择。网上产品和服务营销策略的制定，必须结合网络特点，重新考虑产品的设计、开发、包装和品牌等传统产品策略的研究。快速反应是网络营销竞争的利器之一，如何对顾客的需求迅速做出反应，提高网络顾客的满意度和忠诚度是十分重要的，所以，快速反应有可能成为网上产品和服务的营销策略。

5. 网上价格营销策略

网络作为信息交流和传播工具，从诞生开始实行的便是自由、平等和信息免费的策略，而且互联网技术创造了降低交易成本的机会，因此，网络市场上推出的价格策略大多是免费和低价策略。所以在制定网上价格营销策略时，必须考虑到互联网对企业定价影响和互联网本身独特的免费特征。

6. 网上渠道选择与直销

互联网对企业营销影响最大的是对企业营销渠道的影响。美国戴尔公司借助互联网交易双方可以直接互动的特性建立的网上直销模式获得了巨大成功，改变了传统渠道中的多

层次的选择、管理与控制问题，最大限度降低了营销渠道中的费用。但企业建设自己的网笺上直销渠道必须进行一定的前期投入，还要考虑到与之相适应的经营管理模式的问题。

虽然网络营销较之传统营销具有非常大的优势，但在当前情况下，它并不能完全取代网传统营销。企业传统的分销渠道仍然是宝贵的资源，互联网所具有的高效及时的双向沟通功能可以大大加强制造商与分销商的联系。

7. 网上促销与网络广告

Internet 作为一种双向沟通渠道，最大优势是可以实现沟通双方突破时空限制直接进行交流，而且简单、高效、费用低廉。因此，在网上开展促销活动是最有效的沟通渠道，但网上促销活动开展必须遵循网上一些信息交流与沟通规则，特别是遵守一些虚拟社区的礼仪。网络广告作为网络营销最重要的促销工具，目前得到迅猛发展，具有传统的报纸杂志、无线广播和电视等传统媒体发布广告无法比拟的优势，具有交互性和直接性。

8. 网络营销管理与控制

由于网络传播速度非常快，网络营销作为在互联网上开展的营销活动，它必将面临许多传统营销活动无法遇到的新问题，如网上销售的产品质量保证问题、消费者隐私保护问题以及信息安全与保护问题等。这些问题都是网络营销必须重视和进行有效控制的问题，否则不但可能会降低网络营销的效果，甚至可能会产生很大的负面影响。

（三）网络营销的特点

1. 跨时空

网上市场是虚拟的市场，网络营销是在没有实物和现场环境的气氛下进行的商业活动，网络营销的虚拟性了突破了传统工业化社会时空界限以及企业经营活动范围的束缚，能够超越时间约束和空间限制进行信息交换，企业有了更多时间和更大的空间进行营销，可每周 7 天，每天 24 小时随时随地的在一种无国界的开放的、全球的范围内提供营销服务，从而能够尽可能多地占有市场份额。

网络营销利用互联网的广泛性，可以联络世界各地的人，且无时间、地域限制，可以充分发挥营销人员的才能，使企业效益最大化。

2. 多媒体

在网络空间上，公司介绍、产品资讯、图片等大量想要提供给客户的资料，都能够通过互联网进行传输，所以互联网传输的是多种媒体的信息，如文字、声音、图像等，从而使为达成交易进行的信息交换可以用多种形式进行，这样能够充分发挥营销人员的创造性和能动性。

3. 交互式

在网络营销中，企业可以随时随地通过互联网和顾客进行双向互动式的沟通。可以在互联网上展示商品目录、联结资料库提供有关商品信息的查询、可以收集市场情报、可以进行产品测试与消费者满意调查等，网络在向消费者提供信息的同时也在如实地接收他们的反馈，可以使顾客参与产品的设计、生产与宣传推广，参与服务和咨询以及对问题展开讨论等。互联网是产品设计、商品信息发布、提供服务的最佳工具，提高了企业的快速的应变能力。

4. 个性化

互联网络上的促销可以是一对一的、理性的、消费者主导的、非强迫性的、循序渐进式的，而且是一种低成本与人性化的促销，避免推销员强势推销的干扰，并通过针对用户的主动查询来进行的信息传递与交互工交谈，与消费者建立长期良好的关系。

消费者可以根据自己的个性特点和需求通过互联网在全球范围内寻找满意的商品，企业可以通过网络迅速收集资源情报与技术，完全按照消费者的需要来设计生产，满足顾客的个性化要求，使企业的营销决策有的放矢，不断提高顾客的满意度。

5. 成长性

互联网络使用者数量快速成长并遍及全球，使用者大多是具有较高收入的年轻人，并且受教育程度较高，由于这部分群体购买力强而且具有很强的市场影响力，因此是一种极具开发潜力的市场渠道。

6. 整合性

网络营销可以使商品信息的发布、交易操作和售后服务等连为一体，因此也是一种全程的营销渠道。另一方面，企业可以借助互联网络将不同的传播营销活动进行统一设计规划和协调实施，以统一的传播咨询向消费者传达信息，避免不同传播中的不一致性产生的消极影响。在网络营销的过程中，对多种资源进行整合，对多种营销手段和营销方法进行整合后，将产生巨大的增值效应。

7. 超前性

互联网络是一种功能强大的营销工具，它同时兼有渠道、促销、电子交易、互动顾客服务以及市场信息分析与提供等多种功能。它所具备的一对一营销能力，正是符合企业定制营销与直播营销的未来趋势。

8. 高效性

互联网的可储存的信息量大，可以帮助消费者进行查询的特点，决定了网络营销可传送的信息数量大和精确度高，远远超过其他媒体，大大增强了企业营销信息传播的效果，并且企业可以根据市场需求的不断变化，及时更新产品陈列或调整产品价格，因此能及时有效了解并满足顾客的需求，给顾客带来更大的利益。

9. 经济性

网络营销具有明显的经济性。企业可以在全球范围内寻找最优惠价格的资源、最先进技术进行生产，以更低的成本满足顾客需求；交易双方通过互联网络进行信息交换，代替以前的实物交换，既可以减少印刷与邮递成本，又因为无店面销售，免交租金，也节约水电与人工成本；同时网络营销能帮助企业减轻库存压力，减少由于货物多次交换所带来的损耗；还有网络营销具有极好的促销能力，使广告等市场开拓费用的锐减，这都将极大地降低经营成本，给企业带来经济利益，增强企业的竞争优势。

10. 技术性

网络营销建立在高新技术作为支撑的互联网基础上，网络营销的信息传递及服务都是通过强大的技术性支持来完成的，网络营销的成熟与否在很大程度上取决于其技术使用的范围和先进程度，同时要改变传统的组织形态，提升信息管理部门的功能，引进掌握营销与计算机技术的复合型人才，提高企业在网络市场上的竞争能力。

（四）网络营销产生的基础

1. 互联网的发展是网络营销产生的技术基础

互联网是一种集通信技术、信息技术、时间技术为一体的网络系统，在互联网上，任何人都可以享有创作发挥的自由，所有信息的流动皆不受限制，网络的动作可由使用者自由地连接，任何人都可加入联网，因此网络上的信息资源是共享的。由于互联网从学术交流开始，人们习惯于免费，当商业化后，各网络服务商也只能采取低价策略。这些因素促使了互联网的蓬勃发展。

互联网上各种新的服务，体现出连接、传输、互动、存取各类形式信息的功能，使得互联网具备了商业交易与互动沟通的能力。企业利用互联网开展营销活动，显示出越来越多的区别于传统营销模式的优势，它不再局限于传统的广播电视等媒体的单向性传播，而且还可以与媒体的接收者进行实时的交互式沟通和联系。网络的效益也随之以更大的指数倍数增加，网络市场发展速度非常迅猛，机会稍纵即逝。

2. 消费者价值观的改变是网络营销产生的观念基础

市场营销的核心问题是消费者的需求，随着科技的发展、社会的进步、文明程度的提高，消费者的观念在不断地变化，这些观念的改变为网络营销奠定了基础。企业如何利用网络营销为消费者提供各种服务，满足消费者更多的、不同的、不断变化的需求，是取得未来竞争优势的重要途径。这些观念变化可以概括为：

（1）消费更加追求个性化

现代人的消费越来越注重品位和质量，每个消费个体都有自己独特的审美观念和心理意愿，在过去的很长一段时期内，由于经济单一、产品短缺等多种原因使得消费者缺乏个性，而当今市场经济充分发展，商品丰富多彩、千姿百态、使消费者以个人心理愿望和个性特点为基础挑选和购买商品或服务成为可能，消费者会主动通过各种可能渠道获取与商品有关的信息进行比较，增加对产品的信任和争取心理上的认同感，满足个性化需求、追求个性化消费已成为社会时尚和消费主流。

网络营销为消费者的个性化消费追求创造了机会，利用网络的信息跨区域优势，大大增强顾客对商品的选择性，能够更多地为顾客提供个性化定制信息和定制商品。

（2）消费主动性的增强

随着商品经济的发展，消费者越来越呈现出理性消费的趋势，要求主动性消费的意识越来越强，对传统的营销沟通模式往往感到厌倦和持不信任态度，会千方百计地主动通过多种渠道获取购买所需要的信息，并对信息进行分析、评估和比较，在此基础上做出购买决策，以此规避购买风险和降低购买后对商品的不满意度，增加对商品的信任感和认同感。

网络营销由于信息量大、精确度高，消费者可以进行即时的信息查询，而且网络沟通具有互动性，顾客可以通过网络提出自己对产品设计、定价和服务等方面的意见，大大方便了顾客收集信息及对信息的分析和比较，使顾客的消费主动性的增强成为可能。

（3）对购物方便性的追求及购物乐趣的满足

由于现代人工作负荷较重、生活节奏加快，消费者愿意把更多的闲暇时间用到有益于身心健康的活动上，希望购物方便，时间和精力支出尽量节省，而传统的购物方式除购买过程需要花费的时间较长外，往返购物场所也需要付出较多时间，显然不能满足顾客高效快捷的购物要求。

网络营销能够提供消费者的购物效率，通过网络消费者能够获得大量的信息，足不出户通过点击鼠标就能瞬间轻松地完成购物，满足了顾客对购物方便性的追求。同时通过网上购物可以使顾客加强与社会的联系，在网上购物的过程中获得享受，增加购物乐趣，受到了消费者的欢迎。

（4）价格仍然是影响购买的重要因素

虽然支配和影响消费者购买行为的因素很多，但是价格仍然是影响购买的重要因素现代市场营销倾向于以各种策略来削减消费者对价格的敏感度，但价格对消费者产生的重要影响始终不能忽视。只要价格削减的幅度超过消费者的心理预期，难免会影响消费者既定的购物原则。

网络营销具有明显的价格优势，网络营销由于大大降低了生产、流通等环节的成本，降低了人工和市场开拓等费用，减少了中间环节，使产品价格的降低成为可能，消费者可以在全球的范围内寻找最优惠价格的产品且能以更低的价格实现购买，满足消费者对低价的追求。

综上所述，网络时代的发展，不断改变消费者的价值观，消费者对方便快捷的购物方式和服务的迫切追求及消费者最大限度的满足自身需求的需要，催生了网络营销，也促进了网络营销的快速发展。

3. 激烈的竞争是网络营销产生的现实基础

当今的市场竞争日趋激烈，企业为了取得竞争优势，总是想方设法吸引消费者，传统的营销已经很难有新颖独特的方法来帮助企业在竞争中出奇制胜了。市场竞争已不再依靠表层的营销手段，企业迫切需要更深层次的方法和理念来武装自己。

网络营销能够创造一种竞争优势，通过降低成本和提供差异化的产品和服务，争取更多的现实顾客，获取更大的商机。企业通过网络营销，可以节约大量店面租金、减少库存商品资金占用，可以减少场地的制约和限制，可以方便地采集客户信息等，使得企业经营的成本和费用降低，运作周期变短、增加盈利。同时，通过网络营销可以提供适合顾客个性特点的产品，满足顾客的个性化需求，极大地提高了企业的竞争力。

因此，网络营销的产生是科技发展、商业竞争、消费者价值观的改变等综合因素作用的结果。

二、网络营销与传统营销

网络营销作为一种新的营销方式，是建立在传统营销理论基础上的，但由于网络的自身特点必然对传统营销产生巨大的影响和冲击，但网络营销又不能完全取代传统营销，企业必须把网络营销和传统营销融合在一起，使其相互影响、相互补充、相互促进，使网络营销真正为企业目标服务。

（一）网络营销不可能完全取代传统营销

1. 网络营销以传统营销为基础

网络营销是一种新的营销方式或技术手段，不可能脱离一般营销活动而独立存在，网络营销是企业整体营销战略的一个组成部分。传统营销和网络营销之间没有严格的界限，网络营销理论也不可能脱离传统营销理论基础，传统营销的许多思想、内容同样适合网络营销。网络营销与传统营销都是企业的一种经营活动，且都需要通过组合运用来发挥功能，而不是单靠某一种手段就能够达到理想的目的，两者都把满足消费者的需求作为核心和一切活动的出发点，现代企业无论采用什么样的营销手段，首先要解决的问题都是如何千方百计地满足现实顾客的需求。网络是一种营销手段，而并不是营销的全部，必须将网络营销与传统营销结合起来，利用互联网的独特优势大幅度地降低交易成本，向消费者提供优质的服务，才能更好地实现企业的战略目标。所以，网络营销是以传统营销为基础的，是传统营销的进一步发展。

2. 网络营销不可能完全取代传统营销的原因

网络营销作为一种新的营销模式，以其独特的优势给传统营销方式带来了巨大的冲击，但这并不意味着网络营销能够完全取代传统营销模式，传统营销的许多优点是网络营销所不具备的，其原因如下：

（1）网络市场的覆盖面还不是很大

随着互联网迅速发展，依托互联网的网络营销发展很快，但是网络市场仅是整个商品市场的一部分，覆盖的群体只是整个市场中某一部分群体，其他许多群体由于种种原因还不能或不愿意使用互联网。

（2）消费者不愿意接受或者使用新的沟通方式

互联网作为一种有效的营销渠道有着自己的特点和优势，但是由于个人生活方式、个人偏好和习惯等原因，消费者不愿意接受或者使用新的沟通方式和营销渠道，仍愿意选择传统的沟通方式和营销渠道。

（3）消费者购物往往习惯于"亲临现场"

消费者购物已经习惯于亲自到商场仔细查看所需商品的各个方面是否符合自己的要求，自主地进行选择和决策。而网络营销方式的商场是虚拟的，仅凭网上的信息，消费者无法对所需商品进行全面了解，更不可能亲眼见到商品的实物。因此，消费者在购买商品时就会有不踏实的感觉，感到风险较大，往往采取观望的态度甚至放弃购物，所以，网络营销还不能完全取代传统营销。

（4）网络营销需要面对网络安全等问题

虽然网络营销系统日趋完善，但仍然存在着网络安全等问题。网络安全体系不完善，不能适应网络营销的要求，网络安全措施不健全，由此给消费者带来烦恼甚至财产损失的事情时有发生，故无法消除顾客对交易安全性的顾虑。同时网上支付、网络信用、物流配送等也是网络营销需要面对和解决的问题，所以，网络营销不能取代传统营销。

网络营销和传统营销在相当长的一段时间内是相互并存、相互补充、相互促进的。

（二）网络营销对传统营销的冲击

随着互联网在全球的迅速发展，依托互联网特性的网络营销，必然对企业的传统营销方式形成巨大的冲击。

1. 网络营销市场要素发生了变化

营销市场由消费主体、购买力和购买欲望等三个主要因素构成，这些要素在网络信息时代发生了变化。

（1）消费主体的变化

网络条件下，消费主体发生了变化，网络消费者开始从社会大众中分离出来，他们会主动上网搜寻商品信息，一般是年轻化、知识型、有主见和有较高经济收入的人，他们具有比较重视自我、追求个性化、遇事头脑冷静、理性思维、兴趣爱好广泛、喜欢追求新鲜事物等特点。

（2）消费者购买力的改变

近年来，随着改革开放的成功，我国人均国民收入大大提高，网络市场的消费者大多具有较高的文化程度且经济收入高，并拥有较多的可任意支配的收入，具有较高的购买力。

（3）消费者购买欲望的改变

购买欲望是消费者购买商品的动机、愿望和需求，是消费者将潜在购买力转变为现实购买力的重要条件，购物动机要受到社会的政治、经济、文化、科技等因素的影响和制约，带有时代的特征。网络营销的独特优势必然会吸引越来越多的消费者，使得网络市场消费者的购买欲望发生变化。

企业要关注网络消费者的特征、购买能力和购买欲望，制定与之适应的营销策略，提高自身在网络市场上的竞争力。

2. 网络营销对传统营销的冲击

网络营销是随着互联网的产生和发展而产生的新的营销方式，由于现代信息技术和互联网技术的介入，网络营销的发展必然对传统营销产生巨大冲击。

（1）对传统营销策略的影响

a. 对产品策略的冲击

网络营销对传统的标准化产品产生了冲击，通过互联网企业可以迅速获得关于产品概念和广告效果测试的反馈信息，也可以测试不同顾客的认同水平，从而更加容易对消费者行为的方式和偏好进行跟踪。在网络条件下，消费者一定程度上占据了主动权，他们可以发出自己具有个性的需求信息，企业则按照他们的要求，对不同的消费者提供不同的商品，能够有效地满足消费者各种个性化的需求。

著名的戴尔公司在网上进行的计算机设备直销，并不规定统一的内在配置，而是可以由顾客自己按照需要提出一个设备的配置方案和要求，公司根据客户的需求进行生产，再卖给相应的客户。该公司因而成为世界上成长速度最快的电脑公司之一。

b. 对定价策略的冲击

由于网络营销可以大大降低经营成本，企业可以完全按照顾客心理价位定价，更好地满足顾客的需求。

互联网还将导致国际的价格水平标准化或至少缩小国别间的价格差异。因为如果企业某种产品的价格标准不统一或经常改变，客户会通过网络认识到这种价格差异，并因此而产生不满，相对于目前的各种媒体来说，互联网的网络浏览和服务器会使变化不定且存在差异的价格水平趋于一致，这对于执行差别化定价策略的企业来说是一个严重问题。

c. 对传统营销渠道的冲击

通过互联网，生产商可与最终用户直接联系，中间商的重要性因此有所降低。这造成两种后果：一是由跨国公司所建立的传统的国际分销网络对小竞争者造成的进入障碍将明显降低；二是对于目前直接通过互联网进行产品销售的生产商来说，其售后服务工作是由各分销商承担，但随着他们代理销售利润的消失，分销商将很有可能不再承担这些工作。如何在现有的渠道下为顾客提供售后服务是企业要解决的问题。

d. 对传统促销活动的冲击

网络营销主要通过互联网发布网络广告进行促销，网络广告将消除传统广告的障碍。

首先，相对于传统媒体来说，由于网络空间具有无限扩展性，因此在网络上做广告可以较少地受到空间篇幅的局限，有可能将必要的信息充分展示出来。

其次，网络的特点使得广告的表达形式更加生动、形象，通过网络做广告可以比传统媒介的广告对消费者更具冲击力和吸引力。

最后，迅速提高的广告效率也为网上企业创造了便利条件。例如，企业可以根据其注册用户的购买行为很快地改变向访问者发送的广告；有些企业可以根据访问者的特性，如硬件平台、域名或访问时的搜索主题等方面有选择地显示其广告。

（2）对传统营销方式的冲击

随着网络技术迅速向宽带化、智能化、个人化方向发展，用户可以在更广阔的领域内实现声、图、像、文一体化的多维信息共享和人机互动功能，"个人化"把"访问到家庭"推向了"服务到个人"。正是这种发展将使得传统营销方式发生革命性的变化，它将导致大众市场的终结，并逐步体现市场的个性化，最终应以每一个用户的需求来组织生产和销售。

a. 对顾客关系的影响

网络营销可以使企业重新营造顾客关系，网络营销的企业竞争是一种以顾客为焦点的竞争形态，争取新的顾客、留住老顾客、扩大顾客群、建立亲密的顾客关系、分析顾客需求、创造顾客需求等，都是摆在企业面前的最关键的营销课题。如何与分散在全球各地的顾客群保持紧密的关系并能掌握顾客的特性，通过塑造企业形象和加强对顾客的引导，建立顾客对于虚拟企业与网络营销的信任感，是企业网络营销成功的关键问题。网络时代的目标市场、顾客形态、产品种类与传统营销相比发生了很大的变化，企业要通过多种创新营销行为，去跨越地域、文化、时空的差距再造顾客关系。

b. 对营销战略的影响

一方面，互联网具有平等、自由等特征，使得网络营销将降低跨国公司所拥有的规模经济的竞争优势，从而使小企业更易于在全球范围内参与竞争。另一方面，由于人人都能掌握竞争对手的产品信息与营销行为，因此胜负的关键在于如何适时获取、分析、运用这些自网络上获得的信息，来研究并采用极具优势的竞争策略。同时，策略联盟将是网络时代的主要竞争形态，如何运用网络来组成合作联盟，并以联盟所形成的资源规模创造竞争优势，将是未来企业经营的重要手段。

c. 对企业跨国经营战略的影响

网络时代企业开展跨国经营活动是非常必要的，互联网所具有的跨越时空连贯全球的功能，使得进行全球营销的成本低于地区营销，企业不得不进入跨国经营的时代，根据不同国家市场顾客的特点，满足他们的需求，用优质的产品和良好的服务赢得他们的信任，同时，还要通过网络安排好跨国生产、运输与售后服务。

（3）对营销组织的影响

网络营销带动了企业理念的发展，也相继带动企业内部网的蓬勃发展，形成了企业内外部沟通与经营管理均离不开网络作为主要渠道和信息源的局面。这必然给传统的企业组织形式带来很大的冲击，使企业的内部机构发生变化，销售部门人员的减少，销售组织层级的减少和扁平化，经销代理与分店门市数量的减少、营销渠道缩短，虚拟经销商、虚拟门市、虚拟部门等企业内外部的虚拟组织的相继出现，都将促使企业对于组织再造工程的需要更加迫切。

企业内部网的兴起，改变了企业内部作业方式以及员工学习成才的方式，个人工作室的独立性与专业性将进一步提升。因此，个人工作室、在家办公、弹性上班、委托外包、分享业务资源等行为将十分普遍，企业有必要对组织结构顺势进行调整。

（三）网络营销与传统营销的整合

网络营销作为新的营销理念和策略，凭借互联网特征对传统经营方式产生了巨大的冲击，但这并不等于说网络营销将完全取代传统营销，企业的任务是如何实现网络营销和传统营销之间的整合，使网络营销与传统营销相互促进、相互补充和相互支撑。

1. 网络营销中顾客概念的整合

网络营销所面对的顾客与传统营销所面对的顾客并没有什么太大的不同，只是在网络条件下有许多传统营销模式所不能顾及的潜在顾客，企业开展网络营销应该进行全方位的、战略性的市场细分和目标市场定位。

但是，网络社会常被形象地比喻为浩瀚的信息海洋，在互联网上，面对全球数以百万算个站点，每一个网络顾客只能根据自己的兴趣浏览其中的少数站点，为了节省大量的时间和精力，顾客往往利用搜索引擎寻找自己有用的信息，在网络营销中企业必须改变原有的网顾客概念，把搜索引擎作为企业的特殊顾客，因为它是网上信息最直接的受众，它的选择丨结果直接决定了网络顾客接受的范围，以网络为媒体的商品信息，只有在被搜索引擎选中丨时，才有可能传递给网络顾客。所以，企业在设计广告或发布网上信息时，不仅要研究网络顾客及其行为特点，也要研究计算机行为，掌握作为企业特殊顾客的各类引擎的搜索规律。

2. 网络营销中产品概念的整合

市场营销学中认为产品是能够满足人们某种欲望和需要的任何事物，提出了产品的整体概念由核心产品、形式产品和附加产品构成。

网络营销将产品的定义扩大为：产品是提供到市场上引起注意、需要和消费的东西，同时还进一步细化了整体产品的构成，用核心产品、一般产品、期望产品、扩大产品和潜在产品五个层次描述了整体产品的构成。

核心产品与原来的意义相同。扩大产品与原来的附加产品相同，但还包括区别于其他竞争产品的附加利益和服务。一般产品和期望产品由原来的形式产品细化而来，一般产品是指同种产品通常具备的具体形式和特征，期望产品是指符合目标顾客一定期望和偏好的某些特征和属性。潜在产品是指顾客购买产品后可能享受到的超出顾客现有期望、具有崭新的价值的利益或服务，但在购买后的使用过程中，顾客会发现这些利益和服务中总会有一些内容对其有较大的吸引力，从而有选择地去享受其中的利益或服务，可见，潜在产品是一种完全意义上的服务创新。

3. 网络营销中营销组合概念的整合

在网络营销中，随着产品性质不同，营销组合概念也不尽相同。

对于知识产品，企业可以直接在网上完成其经营销售过程，市场营销组合与传统营销相比发生很大的变化。首先，传统营销 4P 组合中的产品、渠道和促销，由于摆脱了对传统物质载体的依赖，已经完全电子化和非物质化。因此，对知识产品来说，网络营销中的产品、渠道、促销本身纯粹就是电子化的信息，它们之间的分界线已经变得相当模糊，而且三者之间密不可分。其次，价格不再以生产产品为基础，而是以顾客意识到的产品价值来计算。最后，顾客对产品的选择和对价值的估计很大程度上受网上促销的影响，因而网上促销非常受重视。还有，由于网络顾客普遍具有高知识、高素质、高收入，因此网上促销的知识、信息含量比传统促销大大提高。

对于有形产品和某些服务，虽然不能以电子化方式传递，但企业在营销时可以利用互联网完成信息流和商流，在这种情况下，传统的营销组合没有发生变化，但这时，价格则由生产成本和顾客的感受价值共同决定，促销及渠道中的信息流和商流则由可控制的网上信息代替，由于网上简便而迅速的信息流和商流最大限度地减少了中间商的数量，渠道中的物流则可实现速度、流程和成本最优化。

在网络营销中，市场营销组合本质上是无形的，是知识和信息的特定组合，是人力资源和信息技术综合的结果。在网络市场中，企业通过网络市场营销组合，向消费者提供良好的产品和企业形象，获得满意的回报和产生良好的企业影响。

4. 网络营销对企业组织的整合

为了顺应网络营销的发展，企业组织要进行整合，对于组织进行再造工程已经成为一种迫切的需要。在企业组织再造的过程中，在销售部门和管理部门中将衍生出一个负责网络营销和公司其他部门协调的网络营销管理部门，与传统营销管理不同，它主要负责解决网上疑问、解答新产品开发以及为网络顾客服务等事宜。同时网络的发展，也要求企业改变内部运作方式，提高员工的素质，形成与之相适应的企业组织形态。

网络营销作为企业整体营销策略中的组成部分，必须与传统营销整合，才能发挥网络营销的优势，更好地满足消费者的需求，促进企业的快速发展。

三、网络营销相关理论

网络营销与传统营销相比有其显著的特点，这使得传统营销理论不能完全适应于网络营销，因此，要在传统营销理论的基础上，从网络的特点和消费需求的变化这两个角度出发，去探讨营销理论的发展和创新，但是，网络营销理论仍属于市场营销理论的范畴，只是在某些方面强化了传统市场营销理论的观念，某些地方改写了传统市场营销理论的一些观点。

（一）直复营销理论

直复营销理论是 20 世纪 80 年代引人注目的一个概念。根据美国直复营销协会（AD-MA）为直复营销下的定义：直复是一种为了在任何地方产生可度量的反应和（或）达成交易而使用一种或多种广告媒体相互作用的市场营销体系。直复营销中的"直"是指不通过中间分销渠道而直接通过媒体连接企业和消费者；直复营销中的"复"是指企业与顾客之间的交互，顾客对企业的营销努力有一个明确的回复，企业可统计到这种明确回复的数据，由此可对以往的营销效果做出评价，及时改进以往的营销努力，从而获得更满意的结果。

直复营销与传统的分销方式相比具有减少中介、能提供充分的商品信息、减少销售成本、无地域障碍、优化营销时机、方便顾客信息反馈并以此来开发和改善产品和评价营销效果等优点。

网络作为一种交互式的可以双向沟通的渠道和媒体，它可以很方便地为企业与顾客之间架起桥梁，顾客可以直接通过网络订货和付款，企业可以通过网络接收订单、安排生产，直接将产品送给顾客。

与传统营销相比，直复营销的特点在网络环境下表现得更加鲜明，网络营销活动更加符合直复营销的理念。因此，直复营销理念对网络直复营销更具指导意义，同时网络信息技术也促进了直复营销的发展。

互联网上的网络直复营销有下面几个方面的具体表现：

1. 互动性

直复营销作为一种相互作用的体系，特别强调直复营销者与目标顾客之间的双向信息交流，以克服传统市场营销中的单向信息交流方式的营销者与顾客之间无法沟通的致命弱点。在网络营销中，企业可以利用互联网开放、自由的双向式的信息沟通网络，实现与顾客之间的双向互动式交流和沟通。企业在向消费者提供信息的同时接收消费者的信息反馈，顾客可以通过网络，向企业直接表达自己的需求提出自己的建议。企业可以根据通过网络上了解的目标顾客需求，进行生产的营销决策，使营销活动更加有的放矢，可在最大限度满足顾客个性化需求的同时，提高营销决策的效率和效用，增强企业的竞争力。

2. 一对一服务概述

通过直复营销活动可以为每个目标顾客提供直接向营销人员反映的渠道，企业可以凭借顾客反映找出不足，为下一次直复营销活动做好准备。网络营销的独特优势使得顾客可以方便地通过互联网直接向企业提出建议和购买需求，也可以直接通过互联网获取售后服务。企业也可以从顾客的建议、需求和要求的服务中，掌握顾客的消费特征，准确把握消费者的个性需求并找出企业的不足，按照顾客的需求进行经营管理，减少营销费用，有效地满足顾客的特色需求，最大限度地提高顾客的满意度。

3. 跨时空性

直复营销活动中，强调在任何时间、任何地点都可以实现企业与顾客的"信息双向交流"。利用互联网的全球性和持续性的特性，企业可以实现低成本的实现跨越空间约束和突破时间限制与顾客的双向交流，顾客也可以在任何时间、任何地点直接向企业提出要求和反映问题，根据自己的时间安排任意上网获取信息，所以，企业能够通过直复营销活动，创造超越时空限制与目标顾客进行营销互动，赢得更多的营销机会。

4. 效果可测定

直复营销活动最重要的特性是直复营销活动的效果是可测定的。互联网作为最直接的沟通工具，企业可以很好地与顾客沟通和交流，方便地实现与顾客的交易，由于互联网的沟通费用和信息处理成本非常低廉，通过数据库技术和网络控制技术，企业可以很方便地处理每一个顾客的订单和需求，而不用管顾客的规模大小、购买量的多少。因此，通过互联网可以实现以最低成本最大限度地满足顾客需求，同时还可以了解顾客需求，细分目标市场，提高营销效率和效用。

网络营销作为一种有效的直复营销策略，说明网络营销具有可测试性、可度量性、可评价性和可控制性。因此，利用网络营销这一特性，可以大大改进营销决策的效率和营销执行的效用。

（二）关系营销理论

关系营销是 20 世纪 80 年代中期由美国市场营销学者巴巴拉·本德·杰克逊提出的一种新的营销主张。它主要包括两个基本点：在宏观上认识到市场营销会对范围很广的一系列领域产生影响，包括顾客市场、劳动力市场、供应市场、内部市场、相关者市场以及影响着市场（政府、金融市场）；在微观上认识到企业与顾客的关系不断变化，市场营销的核心应从过去简单的一次性交易关系转变到注重保持长期的关系上来，通过建立、维持和加强与客户的关系，以保证参与各方的目标得以满足[①]。

企业处在社会经济大系统中，企业的营销目标受到众多外在因素的影响，企业的营销活动是一个与消费者、竞争者、供应商、分销商、政府机构和社会组织发生相互作用的过程，正确理解这些个人与组织的关系是企业营销的核心，也是企业成败的关键。

关系营销的核心是保有顾客，以使企业拥有稳定的客户资源。企业通过为顾客提供高度满意的产品和服务价值，加强与顾客的联系，保持与顾客的长期关系，并在此基础上开展营销活动，实现企业的营销目标。根据调查，一个不满意的顾客会影响 8 笔潜在的生意，影响 25 个潜在顾客的购买意愿。研究表明，争取一个新顾客的营销费用是老顾客费用的 5 倍。因此加强与顾客的关系并建立顾客的忠诚度，能够为企业带来长远的利益，它提倡的是企业与顾客的双赢策略。

互联网作为一种有效的双向沟通渠道，可以让企业与顾客之间实现低费用成本和高效率的沟通和交流，它为企业建立和加强与顾客的长期关系提供了有效的

---

① 赵宏霞. 关系营销、消费者体验与网购信任的建立及维系［M］. 中国社会科学出版社, 2015.

保障。这是因为，首先，利用互联网企业可以直接接收顾客的订单，顾客可以直接提出自己的个性化的需求，企业根据顾客的个性化需求利用柔性化的生产技术最大限度满足顾客的需求，为顾客在消费产品和服务时创造更多的价值。企业还可以从顾客的需求中了解市场、细分市场和锁定市场，最大限度降低营销费用，提高对市场的反应速度。其次，利用互联网企业可以更好地为顾客提供服务和与顾客保持联系。互联网的不受时间和空间限制的特性能最大限度方便顾客与企业进行沟通，顾客可以借助互联网在最短时间内以简便方式获得企业的服务。同时，通过互联网交易企业可以实现对从产品质量、服务质量到交易服务等整个过程的全程质量控制。还有，通过互联网企业还可以与相关的企业和组织建立协作伙伴关系，实现双赢发展。

（三）网络软营销理论

软营销理论是针对工业经济时代的以大规模生产为主要特征的"强势营销"而提出的新理论，该理论认为顾客在购买产品时，不仅满足基本的生理需要，还要满足高层的精神和心理需求，所以，企业在进行市场营销活动的过程中，必须尊重消费者的感受和体验，使消费者能够心情愉悦地主动接受企业的营销活动。

1. 网络软营销与传统强势营销的区别

强势营销是以企业为主动方，传统营销活动中的传统广告和人员推销两种促销手段最能体现强势营销特征。在传统广告中，传统广告企业通过不断的信息灌输在消费者心中留下深刻印象，它根本就不考虑消费者需要不需要这类信息，喜欢不喜欢它的产品或服务，消费者处于被动从属地位，常常是被迫地、被动地接收广告信息的"轰炸"。在人员推销中，推销人员根本不考虑被推销对象是否愿意和需要，事先并不征得推销对象的允许或请求，只是推销人员主动地敲开客户的门，根据自己的判断强行展开推销活动。

与之相对的软营销是指在网络环境下，企业不再向顾客强行灌输概念，而是向顾客传递合理的信息，实现信息共享与营销整合。网络软营销恰好是从消费者的体验和需求出发，采取拉式策略吸引消费者关注企业来达到营销效果。消费者不喜欢任何方式的商业广告和推销，他们喜欢在个性化需求的驱动下，自己寻找相关信息，软营销广告见缝插针，慢慢蚕食，细水长流，用"润物细无声"的方式让人不知不觉地慢慢发掘了解，正是迎合了消费者这种需求。

软营销和强势营销的一个根本区别就在于软营销的主动方是客户，而强势营销的主动方是企业。消费者在心理上要求自己成为主动方，而网络的互动特征又使他们变为主动方成为可能。软营销是变"要你买、请你买、求你买"为"我要买"的一种营销法则，是一种基于柔和、关怀、双赢和多赢基础上的营销方式。

传统的强势营销和网络的软营销并不是完全对立的，企业要根据不同的产品、时机、条件将二者合理结合，往往会收到意想不到的效果。

2．网络软营销理论的两个重要概念

（1）网络社区

网络社区是随着网络以及人们网络社会行动的扩展而出现的人类社会活动的新型空间，是指人们为了某种需要，在网络空间中相互交流而形成的具有共同目标的社会群体。

网络社区包括论坛、贴吧、公告栏、群组讨论、在线聊天、交友、个人空间、移动增值服务等形式在内的网上交流空间，同一主题的网络社区集中了具有共同兴趣的访问者，他们具有相同兴趣和目的，经常相互交流展开讨论，形成了如程序员、游戏、户外旅游、摄影爱好者等社区。网络社区存在于网络空间，网络使网络社区具有相应的组织对社区进行管理和维护，同时，为社区居民提供服务，以满足社区居民的基本需要。网络社区内的每个成员享有充分的参与自由，人与人、人与群体、群体与群体以合作、竞争、同化、冲突、适应等各种形式互动，他们在共同目标的驱使下：追求某种情感、兴趣或者利益。

网络社区也是一个互利互惠的组织。在互联网上，人们去解答别人提出的各种问题，同时也会从别人那里得到自己所需要获得的问题答案，网络社区成员之间的了解是靠他人发送信息的内容，而不像现实社会中的两个人之间的交往。在网络上，如果你要想隐藏你自己，就没人会知道你是谁、你在哪里，这就增加了你在网上交流的安全感，因此在网络社区这个公共论坛上，人们会就一些有关个人隐私或他人公司的一些平时难以直接询问的问题而展开讨论。基于网络社区的特点，不少敏锐的营销人员已在利用这种普遍存在的网络社区的紧密关系，使之成为企业利益源的一部分。

（2）网络礼仪

网络礼仪是指在网上交往活动中形成的被赞同的礼节和仪式，换句话说就是人们在互联网上交往所需要遵循的礼节，是互联网自诞生以来所逐步形成与不断完善的一套良好、不成文的网络行为规范，如不进行喧哗的销售活动，不在网上随意传递带有欺骗性质的邮件等。网络礼仪是网上一切行为都必须遵守的准则，网络营销也不例外，网络营销的经营者也必须树立网络礼仪意识，遵循网络礼仪规则，如广告不能随意闯入人们的生活，当顾客需要网络上寻找产品或服务信息时，企业则应能提供易于导航、易于搜索有效信息的服务工具，为消费者提供方便、快捷、高效的服务，满足消费者的需要。企业在网络营销活动中必须坚持以消费者为中心，在遵循网络礼仪规则的基础上获得良好的营销效果。

（四）网络整合营销理论

整合营销是网络营销理论中的一个新理念，是传统的市场营销理念为适应网络营销的发展而逐步转化形成的。网络的发展不仅使得整合营销更为可行，而且充分发挥整合营销的特性和优势，使顾客这一角色在整个营销过程中的地位得到提升。网络互动的特性使消费者能真正参与到整个营销活动的过程中，消费者不仅增强了参与的主动性，而且其选择的主动性也得到了加强。所以，网络营销必须要把顾客整合到整个营销过程中来，从他们需求出发开展营销活动，并且在整个营销过程中要不断地与顾客互动，每个营销决策都要从顾客需求出发。在满足用户个性化消费需求的驱动下，企业也在探求一种现代市场营销的思想，以适应这一消费市场的变化，满足消费者的需求，从而赢得市场，基于这一点网络整合营销理论应运而生。

网络整合营销理论离开了在传统营销理论中占中心地位的 4P（产品策略 Product、价格策略 Price、渠道策略 Place 和促销策略 Promotion）理论，逐渐转向以 4C 理论（顾客策略 Consumer、成本策略 Cost、方便策略 Convenience 和沟通策略 Communication）为基础和前提，其所主张的观念是：先不急于制定产品策略（Product），而以研究消费者的需求和欲望（Consumer wants and needs）为中心，不要再卖你所生产、制造的产品，而卖消费者想购买的产品。暂时把定价策略（Price）放到一边，而研究消费者为其需求所愿付出的成本（Cost）。忘掉渠道策略（Place），着重考虑给消费者方便（Convenience）以购买到商品。抛开促销策略（Promotion），着重于加强与消费者沟通和交流（Communication）。企业从 4C 出发，在此前提下去寻找最佳的营销决策，能够实现在满足消费者需求的同时实现企业利润最大化的营销目标。网络营销中，可以利用传统的 4P 营销组合理论，使其更好地与以顾客为中心的 4C 组合理论相结合，逐步形成和完善网络营销中的整合营销理论。

在网络营销中顾客的个性化需求不断地得到越来越好的满足，顾客对企业的产品和服务越来越认同直至形成顾客的忠诚，在这种新营销模式之下，企业和客户之间的关系变得非常紧密，甚至牢不可破，这就形成了"一对一"的营销关系（One-to-One Marketing），这种营销框架称为网络整合营销，它始终体现了以客户为出发点及企业和客户不断交互的特点。

1. 产品和服务以顾客为中心

由于互联网络具有很好的互动性和引导性，用户通过互联网络在企业的引导下对产品或服务进行选择或提出具体要求，企业可以根据顾客的选择和要求及时进行生产并提供及时服务，使得顾客所要求的产品和服务能跨时空得到满足；另一方面，企业还可以及时了解顾客需求，并根据顾客要求及时组织生产和销售，提高企业的生产效益和营销效率。

如美国销售电脑的戴尔公司，通过互联网来销售电脑，业绩得到快速增长，由于顾客可以通过互联网在公司主页上进行自主选择和组合电脑，之后公司的生产部门马上根据要求组织生产，并通过物流寄送，因此该公司可以实现零库存生产，特别是在电脑部件价格急剧下降的时候，零库存不但可以降低库存成本还可以避免因高价进货带来的损失。

2. 以顾客能接受的成本来定价

网络营销中价格应以顾客能接受的成本来制定，并依据顾客能接受的成本来组织生产和销售。企业以顾客为中心定价，必须测定市场中顾客的需求以及对价格认同的标准，企业在互联网上可以很容易实现这一点，顾客可以通过互联网提出自己能够接受的价格，企业根据顾客能够接受的成本提供柔性的产品设计和生产方案供用户选择，直到顾客认同确认后再组织生产和销售。在网络营销中，所有这一切都是顾客在企业服务器程序的导引下完成的，不需要有固定的销售场所，也不需要专门的工作人员，同时也不需要巨额的广告费用，因此成本也极其低廉。

通过公司的有关导引系统自己设计和组装满足自己需要的汽车，用户首先确定接受价格的？标准，然后系统根据价格的限定从中显示满足要求式样的汽车，用户还可以进行适当的修改，公司最终生产的产品恰好能满足顾客对价格和性能的要求。

3. 产品的分销以方便顾客为主营

销网络营销是一对一的分销渠道，是跨时空进行销售的，顾客足不出户就可以浏览成千上万的产品信息，在众多产品中进行选择，随时随地利用互联网订货和购买产品，企业通过方便快捷的配送系统在最短的时间内安全地把商品送到消费者手中，节省消费者的时间和精力，大大地方便消费者。

4. 从强制式促销转向加强与顾客沟通和联系

传统的促销是企业为主体，通过一定的媒体或工具对顾客进行压迫式的灌输，加强顾客对公司和产品的接受度和忠诚度，顾客是被动接受的，缺乏与顾客的沟通和联系，同时公司的促销成本很高。互联网上的营销是一对一和交互式的，顾客是主动方，顾客可以参与到公司的营销活动中来，因此互联网更能加强与顾客的沟通和联系，更能了解顾客的需求，更易引起顾客的认同。

网络整合营销理论把顾客的利益最大化要求和企业的利润最大化要求整合为一体，是对传统营销理论的创造性改进，是适应现代市场需求特征的新营销理论。

（五）数据库营销理论

所谓数据库营销，就是利用企业经营过程中收集而形成的各种顾客资料，经分析整理后作为制定营销策略的依据，并作为保持现有顾客资源的重要手段。

数据库营销是计算机信息技术、通信技术与以客户为中心的整合营销理念的一种综合应用，是近些年逐渐兴起和成熟起来的一种市场营销推广手段，在企业市场营销行为中具备广阔的发展前景。它不仅仅是一种营销方法、工具、技术和平台，更重要的是一种企业经营理念，也改变了企业的市场营销模式与服务模式，从本质上讲改变了企业营销的基本价值观。通过收集和积累消费者大量的信息，经过处理后预测消费者有多大可能去购买某种产品，以及利用这些信息给产品以精确定位，有针对性地制作营销信息达到说服消费者去购买产品的目的。网络营销的特点使企业的数据库营销更具有优势，是先进的营销理念和现代信息技术的结晶，必须是企业未来的选择。

1. 数据库营销的基本作用

（1）更加充分地了解顾客的需要以提供更好的服务

通过互动沟通，维护客户关系，提高重复购买率，为企业带来更高利润率。顾客数据中的资料是个性化营销和客户关系管理的重要基础。关系营销强调与顾客之间建立长期的友好关系以获得长期利益。实践证明，进行顾客管理，培养顾客忠诚度，建立长期稳定的客户关系，对企业是十分重要的。

（2）对顾客的价值进行评估

通过区分高价值顾客和一般顾客，利用数据库的资料，可以计算顾客生命周期的价值，以及顾客的价值周期，对各类顾客采取相应的营销策略。

（3）分析顾客需求行为并预测顾客需求趋势

根据顾客的历史资料不仅可以预测需求趋势，还可以评估需求倾向的改变。

（4）市场调查和预测

数据库为市场调查提供了丰富的资料，根据顾客的资料可以分析潜在的目标市场。

2. 网络数据库营销的独特价值

与传统的数据库营销相比，网络数据库营销的独特价值主要表现在以下几个方面：

（1）动态更新

在传统的数据库营销中，无论是获得新的顾客资料，还是对顾客反映的跟踪都需要较长的时间，而且反馈率通过较低，收集到的反馈信息还需要烦琐的人工录入，因而数据库的更新效率很低，更新周期比较长，同时也造成了过期、无效数据记录比例较高，数据库维护成本也相应高。网络数据库营销具有数据量大、易于修改、能实现动态数据更新、便于远程维护等多种优点，还可以实现顾客资料的自我更新。网络数据库的动态更新功能不仅节约了大量的时间和资金，同时也更加精确地实现了营销定位，从而有助于改善营销效果。

（2）顾客主动加入

仅靠现有顾客资料的数据库是不够的，除了现有资料不断更新维护之外，还需要不断挖掘潜在顾客的资料，这项工作也是数据库营销策略的重要内容。在没有借助互联网的情况下，寻找潜在顾客的信息一般比较难，要花很大代价，比如利用有奖销售或者免费使用等机会要求顾客填写某种包含有用信息的表格，不仅需要投入大量资金和人力，也受地域的限制，覆盖的范围非常有限。

在网络营销环境下，顾客数据增加很方便，而且往往是顾客自愿加入网络数据库。最新的调查表明，为了获得个性化服务或获得有价值的信息，有超过50%的顾客愿意提供自己的部分个人信息，这对网络营销人员来说，无疑是一个好消息。请求顾客加入数据库的做法通常是在网站设置一些表格，在要求顾客注册为会员时填写。但是，网上的信息很丰富，对顾客资源的争夺也很激烈，顾客的要求是很挑剔的，并非什么样的表单都能吸引顾客的注意和兴趣。顾客希望得到真正的价值，但肯定不希望对个人利益造成损害，因此，需要从顾客的实际利益出发，合理地利用顾客的主动性来丰富和扩大客户数据库。数据库营销同样要遵循自愿加入、自由退出的原则。

（3）改善顾客关系

顾客服务是一个企业能留住顾客的重要手段，在电子商务领域，顾客服务同样是取得成功的最重要因素之一。一个优秀的客户数据库是网络营销取得成功的重要保证。在互联网上，顾客希望得到更多个性化服务，比如，顾客定制的信息接收方式和接收时间、顾客的兴趣爱好、购物习惯等都是网络数据库营销的基本职能，因此，网络数据库营销是改善顾客关系最有效的工具。

网络数据库由于其独特功能在网络营销中占据重要地位。数据库营销通常不是孤立的，应当从网站规划阶段开始考虑列为网络营销的重要内容。另外，数据库营销与个性化营销、一对一营销有着密切的关系，客户数据库资料是客户服务和客户关系管理的主要基础。

第二节 网络营销环境分析

一、网络营销环境的概念

网络营销环境是指影响企业网络营销开展和效果的各种因素和条件的总称。营销环境是一个综合的概念，它有多种分类，由多方面的因素组成。环境的变化是绝对的、永恒的，环境的稳定则是相对的。随着社会的发展，特别是网络技术在营销中的应用，使得环境更加复杂多变。对于营销主体而言，环境及环境因素是不可控制的，但却可以通过营销环境分析对其发展趋势和变化进行预测和事先判断，因为其具有一定的规律性。因此，充分认识环境因素对于网络营销活动的影响，更好地把握网络营销的本质，可以为企业制定网络营销战略与策略提供指导。

互联网络自身构成了一个市场营销的整体环境，要进行网络营销环境的分析，首先必须掌握构成网络营销环境的五要素。

1. 资源

信息是市场营销过程的关键资源，互联网作为载体能为企业提供所需的各种信息，指导企业的网络营销活动。

2. 影响

环境要与体系的所有参与者发生作用，而非个体之间的互相作用。每一个网民都是互联网的一分子，可以无限制地接触互联网的全部，在这一过程中要受到互联网的影响，同时互联网又与每一个网民发生作用。

3. 变化

互联网信息的更新速度是所有媒体中最快的。几乎所有现实世界的最新动态都可以迅速出现在网上，信息的不断更新是互联网的生命力所在。整体环境在不断变化中发挥其作用和影响，不断更新和变化正是互联网的优势所在。因此，网络营销的各种活动都是在动态状态下完成的。

4. 因素

整体环境是由互联网联系的多种因素有机组合而成的，实际企业活动的各个因素都在互联网上通过网址来体现，如企业、金融、服务、消费者等，它们通过鼠标的点击相互联系。另外还可以通过电子邮件、电子公告栏、邮件列表等方式来实现。

5. 反应

环境可以对其主体产生影响，同时，主体的行为也会改造环境。企业可以将自己企业的信息通过公司网站存储到互联网上，也可以通过互联网上的信息，调整自己的决策。信息处理是互联网络的反应机制，各种各样的浏览、搜索软件工具使互联网络能实时提供人们所需的各类信息，而且可以高效率地在网上完成信息交流。

因此，互联网已经不是传统意义上的电子商务工具，而是独立成为新的市场营销环境，它以范围广、可视性强、公平性高、交互性优、能动性强、灵敏度高和易运作等优势给企业市场营销创造了新的发展机遇与挑战。

二、网络营销环境的特征

互联网的迅速发展使得传统的有形市场发生了根本性的变革，企业面临的是一个全新的营销环境，呈现出新的特征。

1. 全球化

互联网打破时空界限，扩展营销半径，将全球市场连接成为一个整体。在这种背景下，各国、各地区的经济联系更加紧密，交易的规模和范围更广，形成统一的大市场、大流通、大贸易。企业可以将自己的商品与服务送到世界各地，有利于实现生产要素的最佳配置。因为交易中个体的信息搜寻超出了国界，可以在全球范围内进行，所以，市场交易规模、范围和环境的改变要求新的交易方式与之相适应，网上交易就是人们的选择结果。

2. 个性化

消费者是企业服务的对象，满足消费者需求是企业营销活动的宗旨，在网络营销环境下，消费者的需求特征、消费行为和消费心理发生了变化，逐渐呈现出差异化、个性化的趋势。消费个性化要求生产厂家与消费者建立一对一的信息沟通，随时了解消费者的需求变化和差异。互联网提供一个平台，信息传递更快捷、更透明，为消费者的差异化需求提供了良好的平台和路径。

3. 信息化

经济的发展，信息的激增，要求企业具备更迅速地信息处理速度和更准确地分析预测能力，计算机的出现和普及为信息的处理提供了高效的手段，这使得信息收集活动也具有高效率的特点。面对传统信息搜集方法范围小、效率低的不足，互联网的出现改变了这一状况，网上收集信息来源广、传递快，由于这些信息都是数字化的信息，更加方便计算机的处理，使企业作业更灵活的反应，制定更准确的策略。

三、网络营销环境的分类

（一）按网络营销的营销范围划分

1. 网络营销微观环境

网络营销微观环境是指企业网络营销活动联系紧密，并直接影响其营销能力的各种因素的总称，主要包括供应商、营销中介、消费者和竞争者等。

2. 网络营销宏观环境

网络营销宏观环境是指对企业网络营销活动影响较为间接的各种因素的总称，主要包括人口、经济、社会文化、科学技术等环境因素。

（二）按是否与互联网特征有关划分

1. 网络营销的网络环境

网络营销的网络环境是指在营销活动中应用互联网，使企业的市场营销行为具有新的特征和规律，进而为企业带来更多的营销机会和广阔的市场空间。

2. 网络营销的现实环境

网络营销的现实环境是指企业充分认识网络对营销活动的影响，在营销与网络完美结合后，在网络营销活动造成直接或间接影响的各种因素的总称。

（三）按网络营销的应用角度划分

1. 网络营销内部环境

网络营销内部环境是指所有从内部影响企业的因素的总称，主要包括员工、资金、设备、原料和市场等。这些因素一方面对网络营销活动起制约作用，造成企业网络营销的劣势局面；另一方面，对网络营销活动发挥保障作用，形成企业网络营销的优势地位。因此，企业内部条件分析是企业科学规划经营战略、合理制定营销策略的基础。

2. 网络营销外部环境

网络营销外部环境是指对企业生存和发展产生影响的各种外部条件，可以分为网络营销环境机会和网络营销环境威胁。网络营销的外部环境不仅可以为网络营销提供潜在的用户，还可以向用户提供传递营销信息的各种手段和渠道。

二、网络营销的宏观环境

（一）网络营销的经济环境

1. 网络经济的概念

网络经济是建立在网络基础之上并由此产生的一切经济活动的总和，包括对现有经济规律、产业结构、社会生活的种种变革，是信息化社会的最集中、最概括的体现。初级阶段的网络经济是以信息技术产业、服务产业为主导，以计算机网络为核心并与互联网有关的经济，它是一种狭义的网络经济。高级阶段的网络经济是一种广义的网络经济，它是指由于计算机互联网在经济领域的普遍应用，使得经济信息成本减少，从而使信息替代资本在经济中的主导地位，并最终成为核心经济资源的全球化经济形态。从本质上看，网络经济是一种以信息技术为基础，知识要素为主的驱动因素，网络为基本工具的新的生产方式。

2. 网络经济的特征

（1）全球化经济

一方面，互联网打破了时空界限，扩展了营销半径，将全球市场连接成为一个整体，基于网络的经济活动把空间因素的制约降低到了最小限度，使整个全球化的经济进程大大加快，世界各国的经济相互依存性加强。另一方面，由于信息网络 24 小时都在运转中，因此基于网络的经济活动受到时间的制约越来越少，能够实现全天候连续运行。

（2）直接经济

由于网络的发展，经济组织的结构趋向扁平化，处于网络端点的生产者与消费者可以直接联系，这使得生产与消费之间的联系更为直接、更加协调，减少大量的中间环节，从而极大地降低了经济与社会活动成本，提高了运行效率。因此，网络经济既是高水平的直接经济，又是社会化的直接经济。

（3）虚拟化经济

虚拟经济是指在信息网络所构筑的虚拟空间当中进行的经济活动，是网络经济本身所创造的一个崭新的经济形式。经济虚拟性源于网络的虚拟性，当信息从模拟信号变为数字信号时，信息传播只存在于网络而非具体的物理实体，这将改变以往所有经济形态所依赖的机构类型以及经济行为本身。人们可以通过网络进行合作而不是必须到特定的地方参加工作，公司本身也不一定需要一个实际的场所，网络就是办公室。

（4）创新型经济

网络经济源于高技术和互联网，但又超越高技术和互联网。由于网络技术的发展日新月异，网络经济就更需要强调研究开发与教育培训。技术创新的同时还需要制度创新、组织创新、观念创新的配合。网络经济时代，产品的生产周期大大缩短，产品的更新换代速度越来越快。因此，企业要在创新的速度上开展激烈的竞争以追求市场的垄断。

（5）竞争和合作并存的经济

信息网络不仅使企业间的竞争与合作范围扩大，也使竞争与合作之间的转化速度加快。世界进入了大竞争时代，竞争中有合作，合作则是为了更好地竞争。在竞争的合作或合作的竞争中，企业的活力增强了，应变能力提高了，不遵守这个规则就会被迅速地淘汰。因此，企业可持续的竞争优势，不再主要依靠自然资源或可利用的资金，而是更多地依赖信息与知识。

（二）网络营销的科技环境

1. 科技的变革给企业带来了营销机会和发展威胁

科学技术是一种"创造性的毁灭力量"，它本身创造出新的东西，同时又淘汰旧的东西。科技的不断发展与进步促进了新行业的诞生，使原有老行业改善企业自身的经营管理模式与技术水平，大大提高社会劳动生产率。此外，新技术的出现，也会给某个旧的企业带来威胁，甚至灭顶之灾。因此，企业要学会适应迅速变化的竞争环境，学会新技术、新知识的生产和应用，同时实施产业联合的发展战略，以求共同发展。

2. 科技的变革为企业改善经营管理提供了有力的技术保障

社会生产力水平的提高主要依靠设备技术开发、创造新的生产工艺和新的生产流程。同时，技术开发也扩大并提高了劳动对象的利用广度和深度，不断创造新的原材料和能源。这些不仅为企业改善经营管理提供了物质条件，也对企业经营管理提出了更高的要求。随着网络技术在企业经营管理中的应用，电子商务系统日益完善，使企业的经营管理工作变得效率更高，效益更好。

3. 科技的变革为企业创造了新的网络营销方式

网络技术的发展和应用为买卖双方的沟通提供了众多的网络工具和方式，如网上交易、电子支付和网上拍卖等。但就目前来看，还存在一些问题。例如，网络宽带速度问题，信息及时反馈问题，物流配送问题，电子支付安全问题等等。因此，企业应密切关注网络新技术，并将其积极运用到网络营销的实践中，不断创造网络营销的新方式。

（三）网络营销的社会文化环境

1. 网络文化是信息数字文化

网络技术作为网络文化的载体，实现了各种信息的数字化，各种文字、声音、图像等都能以数字信号的形式储存和传输。数字化信息最大特点就是传播速度快、保真度高、复制能力强。因此，数字化信息可以被反复利用、多次传递。在网络空间中，数字化的信息为人们虚拟出一个现实的空间，即用户不见面通过网络间接的"人机交流"代替了面对面直接的"人际交流"，是人的意识和主观能动性的体现。数字化信息文化最主要的代表就是出现了数字虚拟企业、数学虚拟市场和数字虚拟社团等。数字信息化不仅模糊了小企业和大企业的差别，使得企业间的竞争更加激烈，同时还迫使企业要根据不同的网络文化环境制定与之相适应的营销方案。

2. 网络文化是速度文化

网络文化又被称为是"快餐文化"，这种文化快捷性的原因就在于网络交往自身的特点。网络社会靠的就是信息，而网络信息传递及更新的速度是非常快的，一种文化现象、一个观点或一个大家感兴趣的东西可以在瞬间到达网络世界的各个角落。在网上，速度已经在人们脑中成为一种判断产品优劣、决定是否购买的尺度。因此，企业在进行网络营销时，一定要不断地强调自己的产品是最新的，能够在最短的时间内送到消费者手中，这样才能被广大消费者所喜爱。

3. 网络文化是创新文化

"互联网文化""网络文学"等现象在网上产生之后，其中最主要的代表就是互联网用语的出现。网络文化的这种创新氛围大大激发了全球企业家的创新精神。如硅谷的示范作用在于它的文化氛围是奖励冒险和创新，推动企业文化从保守、迟缓、等级森严改造成为现代、快捷和平共处。这既是网络技术在企业内应用的结果，也是网络文化对企业组织形式潜移默化地影响。网络文化从经营理念和创新机制等方面对企业产生影响，这使得企业在网络营销方面不断应用各种创新手段，产品标新立异，进而赢得在网络环境下决定企业胜负的注意力资源。

4. 网络文化是个性文化

以世界性的信息资源共享为前提，网络文化显然是具有较强的全球性色彩。然而，网络空间自身又是非中心化，这使得网络文化的多元化得以保证，利用多媒体技术和超文本技术的沉浸性和交互性，网络文化中消费者具有更强的主动性，直接介入文化的生产过程，每个人的个性得到尽情发挥，从而推动网络文创造性地发展。所以，网络文化也是彰显个性的文化。

5. 网络文化是礼仪文化

网络社区是按一定的行为准则组织起来的一个具有社会、文化、经济三重性质的团体。网络社区中的行为准则就是网络礼仪。目前，网络礼仪中已被普遍接受的部分规则完全来自用户自身的常识，但实际上其包括的内容和涵盖的范围还是相当广阔的。对网络营销人员来说，必须牢记的第一条网络礼仪是："不请自到的信息不受欢迎"。因为人们已经厌倦了电视广告、广播广告的强制"灌输"，所以在网络营销中，当人们在网上寻找产品和服务、查询有关市场营销信息、征求问题答案时，网络营销者要能提供易于导航和搜索、内容丰富、有价值的信息静候浏览者的访问，当他们不想查找时，企业的有关信息最好不要私闯他们的生活，否则会激怒网民，使企业失去一大批潜在的消费者。因此，网络营销者在实施网络营销规划的过程中一定要遵循这些网络礼仪的规则。

（四）网络营销的人口环境

1. 网络用户的数量及其增长速度决定网上市场的规模

从总体上讲，网络用户的总量与网络营销市场的规模大小是成正比的。因此，要想了解一个国家或地区网络营销的市场潜在量有多大，可以通过统计该国或地区网络用户的数量及人均国民收入来得出。

2. 网络用户的结构决定网络营销产品及服务的需求结构

网络用户结构包括性别结构、年龄结构、职业机构、学历结构、收入结构等几个方面的内容：性别结构、年龄结构、学历结构、职业结构、收入结构。

三、网络营销的微观环境

（一）企业内部环境

企业内部环境是指对企业网络营销活动产生影响而营销部门又无法直接控制或改变的各种企业内部条件因素的总称，包括企业内部各部门之间的关系及协调合作。因为企业系统是由一系列部门构成的有机整体，除了营销部门外，还包括财务部门、人力资源管理部门、采购部门、生产部门和物流配送部门等，这些部门之间相互联系、相互制约和相互影响。所以，企业内部环境是企业科学规划营销战略、合理制定营销策略的基础。一方面，它们对网络营销活动起着制约的作用，造成劣势局面；另一方面，对网络营销活动发挥保障作用，形成优势地位。

企业内部环境包括广义的内部环境和狭义的内部环境。广义的内部环境包括产品特征、财务状况、企业领导对待网络营销的态度和拥有网络营销人员的状况等因素。狭义的内部环境主要指企业网站的发展和建设，企业网站是企业开展电子商务和网络营销的基础，网站的建设水平直接决定了企业网络营销的效果。

（二）供应商

供应商是指向企业及其竞争者提供生产经营所需原料、设备、能源、资金等生产资源的公司或个人。企业与供应商之间的关系既有合作又有竞争，这种关系不仅受宏观上环境的影响，还制约着企业的营销活动。

企业一定要注意与供应商搞好关系，因为供应商对企业的生产经营有着实质性的影响。它向企业提供资源的价格和供应量，直接影响产品的价格、销量和利润。供应短缺，可能影响企业按期完成交货任务。从长期来看，将损害企业的形象和信誉；从短期来看，企业会损失销售额。因此，企业应从多方面获得供应，而不应该依赖于单一的供应商，以免受其控制和限制。

在网络营销环境下企业可以选择的供应商的数量增加了，但对其依赖却丝毫没有减弱，反而加强了，还是因为，企业为了达到降低成本、发挥企业优势、增强应变的便捷性，会对企业的组织结构和业务流程进行重组或再造。企业通常会保留具有核心竞争力的业务，而将不擅长的外包出去，这使得企业所面临的供应商数量增加对供应商的依赖也日益增强随着企业和供应商之间的关系越来越密切，其共享信息、共同设计产品、合作解决技术难题在网络环境中变得更加容易，企业和供应商之间也因此建立了长久的合作关系。

（三）营销中介

营销中介指的是协调企业促销和分销其产品给最终购买者的公司。包括中间商，即销售商品的企业，如批发商或零售商、代理中间商等；服务商，如运输公司、仓库、金融机构等；市场营销机构，如产品代理商、市场营销企业等。

随着互联网的应用，生产者、批发商或零售商通过网络来销售商品，消费者可以通过网络选择所需的商品，这使得一部分商品不再按原来的产业或行业进行分工，也不再遵循传统的购进、储存、运销等流程。因此，网络销售一方面可以使企业间、行业间的分工逐渐模糊，形成产销合一、批零合一的销售模式；另一方面，随着凭单采购、零库存运营、直接委托送货等新业务的出现，服务与网络销售的各种中介机构也应运而生。这些与营销企业合作的中介机构不仅组织多、服务能力强、业务分布广泛合理，还可以协助企业进行推广销售和分配产品等。总之，每个企业都需要掌握和了解目标市场，力求发挥优势扬长避短，抓住有利时机，不断开辟新的市场。

（四）竞争者

竞争是当今社会的主旋律，企业竞争则表现得更加激烈，企业要在竞争环境中取胜，就必须研究其所处的环境，针对竞争对手采取更多的优化方案与手段。在市场营销实践中，市场竞争策略通常是针对竞争对手的。因此，企业必须了解竞争对手是谁，他们的目标是什么，具有哪些优势和劣势，现期或将来可能采取的竞争策略是什么等，在此基础上采取相应的对策，有效地化解危机，应对竞争赢得优势。

企业对竞争者的研究主要包括两个方面：一是竞争者的识别，即通过所收集的信息来判断行业内当前的竞争对手和潜在的对手。二是竞争者的研究，即通过分析来研究竞争者的策略，判断竞争者的目标，进而评估竞争者的优势和劣势，判断竞争者的反应模式，并由此确定自身的竞争策略。

1. 竞争者的识别

从市场方面看，企业的竞争者包括以下几种：

（1）一般竞争者

指以不同种类产品和服务来满足消费者统一需求的竞争者。

（2）产品形式竞争者

指提供同类产品和服务的竞争者。

（3）品牌竞争者

指能满足消费者某种需要的同种产品的不同品牌的竞争者。

（4）愿望竞争者

指满足消费者目前各种愿望的竞争者。

从行业方面看，企业的竞争者主要包括：现有厂商、潜在竞争者和替代品厂商。企业只有充分了解所在行业的竞争机构，才能识别企业所面临的现实或潜在的竞争者。

2. 竞争者的研究

（1）研究竞争者策略

在大多数产业中，企业通常根据竞争者采取不同的策略，把竞争者分为不同的策略群体，采取相同或相似策略的竞争者属于同一策略群体。当企业进入某一群体时，该群体中的成员就成了企业的主要竞争对手。竞争者之间采用的策略越相似，竞争就越激烈。同时，群体之间也存在着竞争，因为不同策略群体可能以同一市场为营销目标，或者属于某个群体的企业可能改变策略进入另一群体。

（2）判断竞争者目标

竞争者通常会有多个目标，如追求利润、市场占有率、技术领先、服务领先、信誉领先、低成本领先等。对着这些目标，不同的企业在不同时期有着不同的侧重点，因此也形成了不同的目标组合。对于企业而言，及时了解竞争者的侧重点，就可以预知竞争者的反应，进而采取适当的对策进行防御或进攻。

（3）评估竞争者的优势和劣势

评估竞争者的优势和劣势，是研究竞争者的重要方面。企业可以通过对竞争者的资源和经营状况进行分析对比来指出竞争对手的强项和弱项。主要包括：品牌情况、公司产品、服务及其政策；各种营销工具的使用情况；财务情况；网络技术能力；网络运营商和设备供应商状况；营销管理人员的素质和网络营销管理制度等方面。

（4）判断竞争者的反应模式

在竞争中，竞争者的反应模式也各有不同。

"从容不迫"竞争者：他们对某一特定竞争者的行为没有迅速反应或反应不激烈。

选择型竞争者：他们对竞争对手在某些方面的进攻做出反应，对其他方面则不加理会。

强烈型竞争者：他们对竞争对手的任何攻击都会做出迅速而强烈的反应。

随机型竞争者：他们对竞争对手的反应具有不确定性，因此反应模式难以把握。

（五）消费者

消费者是企业产品销售的市场，是企业直接或最终的营销对象。企业的一切营销活动都要以满足消费者的需求为中心，因此，消费者是企业最重要的环境因素之一。在传统的市场营销中，由于技术手段的制约，企业无法了解每个消费者的实际需求。但是在网络时代，由于技术的发展消除了企业与消费者间的时空限制，创造了一个让双方更容易接近和

交流的空间，真正实现了经济全球化和市场一体化。一方面，网络不仅给企业提供了广阔的市场营销空间，也扩大了消费者选择商品的范围。另一方面，消费者通过网络可以及时了解更多的信息，增强了商品购买行为的理性。因此，在网络营销活动中，企业不仅可以通过网络树立良好的形象，处理好与消费者的关系，还可以促进产品的销售。

（六）社会公众

企业的经营还包括社会公众。社会公众是指对企业实现营销目标具有实际或潜在影响的团体和个人。互联网本身既是一个庞大的信息数据也是一个跨时空的超媒体，它的开放性和共享性决定了公众对企业的影响在不断增大。因此，明智的企业会采用有效的方法建立并保持与社会公众间友好的公共关系。企业的公众除了包括前面谈到的消费者、营销中介、竞争者外，还包括：媒体公众，即报纸、杂志、广播、电视和网络等具有广泛影响的大众传媒；融资公司，即银行、投资公司、保险公司等对企业提供有力保障的金融机构；政府公众，即经贸委、工商局、税务局等负责管理企业营销行为的有关政府机构；内部公众，即企业组织机构的内部成员；公众利益团体，即保护消费者权益、环保及其他群众性团体；社区公众，即与企业同处某一区域的居民与社会组织；一般公众，即与企业无直接利害关系，但其言论对企业网络营销有潜在影响的公众。在这些公众中，有的可能永远不会成为企业的消费者，但企业的行为直接或间接影响到他们的利益，企业的营销成效也或多或少地受到这些公众舆论与行为的制约。因此，企业应加强与公众的沟通和了解，以得到各类公众的理解与支持。

第三节　网络营销顾客行为分析

一、网络顾客购买决策的影响因素

（一）社会因素

1. 角色

在社会中的"角色"主要是指周围的人对某人的职业、职位或身份所应具备行为方式的期待。一个人的角色会影响其消费行为。例如，大学生或者刚步入社会的青年可能会对品牌产品折扣十分感兴趣。

2. 家庭

在很多情况下，购买行为是以家庭为单位进行决策的，例如家具的选购、房子的装潢等。另外，此产品类型是针对整个家庭的使用来设计的，例如色拉油、洗洁精等。所以，这类产品的营销策略或广告的设计，就应针对家庭购买决策来规划。

3. 相关群体

相关群体指能够影响网络顾客购买行为的个人或集体。相关群体内往往存在"意见领袖"，也就是群体中有影响力的人，这些人的行为会引起群体内追随者、崇拜者的效仿。如网上消费的演员、社会名流等因为受人崇拜，自然也就成为网络顾客的"意见领袖"，这也是微博营销发展迅速的原因之一。

（二）文化因素

1. 文化

文化指人类从生活实践中建立起来的价值观念、道德、理想和其他有意义的象征的综合体；文化是决定人类欲望和行为的基本因素。文化的差异引起消费行为的差异，每一个网络顾客都受到网络文化的长期熏陶，但同时又是在一定的地域社会文化环境中成长的。地域社会文化环境依然对网络顾客的消费行为产生重要的影响。比如，中国的网络顾客具有注重礼节的特点，过节的时候大多数子女都会为父母采购礼品，这和西方网民是有区别的。不过应当注意到的是，网络交流正在使文化的差异缩小。

2. 亚文化

在网络文化中又包含若干不同亚文化群。这些亚文化往往在更深层次上影响着网络顾客的购买行为。

（三）个人因素

1. 职业

职业会影响一个人在生活中关注的重点，从而影响其消费行为。例如，信息人员会对电子计算机零件感兴趣，而平面设计专家则可能会购买一些美工用具或设计类书刊。另外，职务也会影响消费习惯：高级主管因为要经常出席正式会议等场合，则需要买一些名牌西装。

2. 经济情况

经济情况决定了购买能力，不论顾客对于产品的喜好如何，最终其购买的产品一定是在其购买能力范围内的，在这时，不同经济情况的人会在其进行决策时考虑不同的侧重点。例如，经济较充裕的顾客，购买电脑时可能会比较重视电脑的性能指标和外观等多个方面，而经济能力有限的顾客则更重视其性价比和基本功能是否齐全。

我们常以 AIO 来描述一个人的生活形态。所谓的 AIO 包括活动（Activity）、兴趣（Interest）和选择（Option）。生活形态会影响一个人的购买决策。

4. 性格

性格较谨慎保守者，往往十分关注在线支付的安全性和物流过程的稳妥性，并且他们通常不愿意因为网络购物而暴露隐私。

5. 年龄

人们在不同的年龄段会对不同的商品感兴趣，而且其购买力也不同，例如，小朋友喜欢玩具小汽车，但成年人则对跑车或越野车感兴趣。

6. 家庭生命周期

每个人都会经历不同的家庭阶段，我们称其为家庭生命周期，其包括下列的可能阶段：年轻单身、年轻已婚、年轻满巢、年轻单亲、中年单身、中年满巢、中年单亲、中年空巢、年长单亲、年长空巢等。在不同的家庭生命周期阶段，顾客会对不同的产品产生兴趣。例如，年长单身常常关心医疗产品，而年轻满巢会对儿童用品等产生兴趣。

（四）心理因素

1. 动机

当一个人的需求达到足够的强度水平时，就成了其动机。心理学家马斯洛将人类的需求依等级排列，提出需求层次理论：生理需求、安全需求、社会需求、尊严需求、自我实现需求。而赫兹伯格提出了双因素理论，将人类的动机分为维持因素和激励因素。维持因素用以预防不满足因子，激励因素则用以提供满足因子。

2. 知觉

我们可以用"信息输入"来说明知觉。总之，任何视觉、听觉、嗅觉、触觉等刺激，经过人类的筛选、解释、组织、整合后，都会形成知觉。人们对知觉的处理，具有下列三种倾向：选择性注意、选择性扭曲、选择性记忆。

3. 学习

所谓学习，是经由累积的经验来改变其行为的过程。典型的学习过程为：①线索；②驱动力；③反应；④增强；⑤记忆保留。网络营销人员没办法创造驱动力，但可以掌握线索，所以应该增加线索的频率。以协助顾客进入学习的过程。

4. 能力

这里所指的能力主要有两类：学习能力和知识能力。例如，对于产品技术的知识，以及应用该产品的能力，其实都会影响顾客的购买决策。

5. 态度

所谓态度，是说明一个人对某事物或观念长久保持的正面或负面评价、情绪感觉和行动倾向。态度具有较低的稳定性，所以网络营销人员可借此了解顾客的态度、观念以营销方式让顾客改变决策心理，同时网络营销企业也应借此修正产品，来满足顾客的预期。

二、网络顾客购买行为分析

（一）网络顾客购买动机

所谓动机，是指推动人们进行活动的内部原动力，即激励人们行为的原因。动机分为两类：一类是需求动机，例如肚子饿了需要食物，天冷了需要衣物；另一类是心理动机，它是由人们的感知、认识、意志、感情等引发的动机。人们的消费需要都是购买机动引起的。网络顾客的购买动机，是指在网络购买活动中，能使网络顾客产生购买行为的某些内在驱动力，网络营销企业只有了解了顾客的购买动机，才能准确预测顾客的购买行为，制定有效的促销措施。

1. 网络顾客的需求动机

网络顾客的需求动机是指由需求引起的购买动机。要研究网络顾客的购买行为，首先要研究网络顾客的需求动机。在网络购物活动中，顾客主要存在以下三个方面的需求动机：

（1）方便型动机

方便型动机是为了减少劳动力与心理上的支出而出现的需求动机。上网购物不仅可以节省顾客往返商场、挑选商品和排队等候交款的时间，还可以免去他们在实体商户购物的体能消耗。由此可见，网络购物可以方便顾客的购买，减少购买过程的麻烦，减少顾客的劳动强度，节省体力，这些都可以满足顾客求得方便的动机。

（2）低价型动机

低价型动机是顾客追求产品低价格的一种消费动机。网上购物之所以具有生命力，其中一个重要的原因就是网上销售的产品价格普遍低廉。由于通过网络销售产品，中间环节少，库存成本低，所以其售价往往会比实体商铺价格低廉，许多网络顾客就是看中网上购物的这一点。因此，低价定位策略也是网络营销过程中十分有效的一种策略。淘宝每年双十一的低价促销活动，就是针对持此类动机顾客的典型策略。

（3）表现型动机

表现型动机是指顾客购买产品来达到宣扬自我、夸耀自我的一种消费动机，这种消费动机因个性不同而出现较大的差异性，有些顾客的表现型动机十分微弱，有些顾客的表现型动机比较强烈。目前，网络顾客多以年轻、高学历用户为主，年轻人通常追求标新立异，强调个性，而不愿落入"大众化"，"与众不同"的消费心理较"追求流行"更为强烈。网上提供的产品包括很多新颖的产品，即新产品或时尚类产品，并且这些产品一般来说是在本地传统市场中暂时无法买到或不容易买到的产品，因此，网络购物能比较容易地实现他们的这一要求，即可以实现他们展示自己的个性和与众不同品位的需要。

2. 网络顾客的心理动机

心理动机是由于人们的认识、感情、意志等心理过程而引起的购买动机。网络顾客购买行为的心理动机主要体现在理智动机、感情动机和信任动机三个方面。

（1）理智动机

理智动机具有客观性、周密性和控制性的特点。这种购买动机是顾客在反复比较各销售网站或 App 的产品后产生的。因此，这种购买动机比较理智、客观，很少受外界气氛的影响。在顾客需要购买价值较高的高档产品时容易产生理智动机的购买。

（2）感情动机

感情动机是由人们的情绪和感情所引起的购买动机。这种动机可分为两种类型：一种是由于人们喜欢、满意、快乐、好奇而引起的购买动机，它具有冲动性、不稳定的特点；另一种是由于人们的道德感、美感、群体感而引起的购买动机，它具有稳定性和深刻性的特点。

（3）信任动机

信任动机是顾客由于对特定的网站、广告、品牌、产品等的特殊信任与偏好而重复、习惯性地进行购买的一种动机。这通常是由于品牌的知名度、企业良好的信誉、贴心的服务等因素产生的。由信任动机产生的购买行为，通常十分忠诚，一般网络顾客在做出购买决策时心目中已经确定了购买目标，并能够在购买时克服和排除其他同类产品的吸引及干扰，按原计划购买产品。具有信任动机的网络顾客，往往是某一网站或 App 忠实的浏览者。信任动机在现实中的实例很多，比如很多网络顾客定期浏览淘宝的聚划算页面或者某个团购网站，就是出于信任动机。而淘宝网的信用评价机制，也就是考虑到了顾客这一方面的需求。

（二）网络顾客购买决策的参与者

顾客的购买活动主要涉及五种角色的参与，顾客自身可能扮演以下角色中的一种或几种。

1. 发起者

首先提出购买某种产品或服务的人。

2. 影响者

有形或无形的影响最后购买决策的人。

3. 决定

最后决定整个购买意向的人，在是否购买、买什么、买多少、什么时候买、在哪买等方面能够做出完全的最终决策。

4. 购买者

实际执行购买决策的人。直接与卖方谈交易条件，进行付款和产品的交收等。

5. 使用者

顾客的购买一般以个人或家庭为单位，大部分时候以上五种角色分别由几个人担任，如住宅、耐用消费品及贵重物品等的购买。在以上五种角色中，决定者是最重要的，也是网络营销人员最为关注的，他直接决定该购买过程各方面的内容，故网络营销人员要懂得辨认某项购买决策的决定者。比如，男性：一般是电子类、机电类、烟酒类等的购买决定者；女性一般是化妆品、家庭日用消费品、厨房用品、婴幼儿用品、服装等的购买决定者；高档耐用消费品，如汽车、住房等则由多人协商决定。教育、旅游、储蓄等服务类产品也由多人共同决定。

对顾客购买决策参与者的分析，使得企业能根据家庭各成员在购买决策过程担任的角色进行有针对性的营销活动。

（三）网络顾客行为类型

1. 复杂的购买行为

当网络顾客购买比较贵重的、不常购买的产品时，会全身心地投入购买当中，因为这些产品往往意义重大且有一定的风险，如果再加上这类产品品牌很多，差别明显，网络顾客就会经历一种复杂的购买行为。他们会在网站或 App 间游荡，大量获取有关产品质量、功能、物流、售后、价格等方面的信息，通过"学习"与该产品有关的知识来提升自己的选择能力，然后再在不同的商家或同一商家的不同产品中挑选出合适的成交。

网络顾客中这样类型的有很多，这是由于以下几个原因：①网络的廉价使用性、空间无限性为网络顾客提供了良好的学习环境和充足的决策资料；②通过自己对需要购买产品有关信息的了解和学习，网络顾客可基本消除在现实生活中购买时对销售人员的不信任感；⑧网络顾客以年轻人为主，这类人群对事物存在普遍的好奇感，追求产品的新功能和新特性且购买能力有限，这时大量的信息搜索与比对往往是他们的选择。对于购买这种类型产品的网络顾客，企业必须了解其学习过程的规律；同时，制定各种策略，宣传与该产品有关的知识、产品的有关属性等；还要设法让网络顾客知道和确信本企业的品牌特征及优势，并逐步建立起信任感。

2. 减少失调感的购买行为

有些产品虽然购买决策的风险大、价值高或者对使用者的利益影响很大，但品牌之间差别不大。对于这类产品，网络顾客是在不同网站随便看看，简单了解一下，便决定购买了。购买决策侧重点依据是产品的价格和实际获得的便利程度，哪家的产品价格较便宜，购买方便易得，就买哪家的。例如顾客欲在短租网站上求租，通常在基本条件相似时，只关心价格和交通的便利。

3. 简单的购买行为

价格低廉而又经常需要的产品，如果各品牌之间差异很小，网络顾客又比较熟悉，一般不会多花时间选择。例如，顾客想要购买一本杂志，由于其平时已经存在一定的阅读偏好，只要找到该杂志就不需要再挑三拣四，对于购买这类产品的网络顾客，企业可用各种价格优惠和其他营业推广方式鼓励顾客试用、购买和重购。由于顾客并不看重品牌，通常只是被动地去收集信息，企业要特别注意如何给网络顾客留下深刻印象。例如，在网络广告中突出视觉符号和形象，利用多媒体技术加强广告的效果，在网络上经常开展各种促销活动，还可以给产品加上某种特色或色彩，突出产品的文化特色。同时，购物的便利性通常可以为商家培养忠诚的顾客。

4. 多样性的购买行为

对于那些产品价格低、对顾客利益影响不大，但是品牌之间差异较大的产品，网络顾客往往在购买时采用低度投入，经常变换购买品牌，即寻求多样化的购买行为。这种类型的购买行为在食品和家居用品的购买上比较常见，例如，顾客需要购买一瓶淋浴乳，他往往不会在挑选中耗费太多时间，而是经常会在下一次购买时换一种品种，但不一定是因为对上次购买不满意，而是为了寻求新产品。对这种购买行为，企业应该生产多种风格的同类产品，甚至可以采用多品牌的产品策略，在网络销售渠道策略上，采用多渠道促销，增加产品与顾客的见面机会；为了吸引顾客，低价格、免费试用、赠券、折扣及有关内容的广告等促销方式都是不错的选择。

（四）网络顾客购买决策行为

根据网络顾客购买决策过程，以及当前网络顾客行为的发展情况，现阶段网络顾客主要面临三类重要的决策行为：网络渠道选择行为、网络顾客信息搜寻行为、网络顾客购买行为[①]。

1. 网络渠道选择行为

渠道选择是指顾客在购买决策过程中如何评价各种可用的渠道（如信息渠道、购买渠道）并从中做出选择。举例来说，顾客为满足自身信息需求，需要从各种信息渠道（如参考群体、报纸、电视、宣传册、网络等）中选择一种或多种以收集和获取信息。网络渠道选择行为重点关注的是顾客如何评价、选择使用网络渠道，也可以进一步细化到研究某个具体网站或 App，依据的理论主要为技术接受模型。需要指出的是，网络渠道选择行为研究中一般不特别区分到底网络是作为信息渠道还是购买渠道，而是把信息搜寻作为购买决策的一个组成部分，即网络渠道选择行为包括信息渠道选择和购买渠道选择。

2. 网络顾客信息搜寻行为

网络顾客信息搜寻行为是指顾客为完成某一购买任务而付诸的从网络市场中获取信息的行动。市场营销的本质是企业与顾客之间的信息传播和交换，如果没有信息交换，交易也就是无本之源。在线购物的持续成功将取决于顾客在其购买决策中利用网络的程度，尤其是利用网络获取产品信息的程度，因为顾客的网络信息搜寻行为能够提高其满意度并增强其在线购买的意向。

获取信息是顾客使用网络的首要目的，网络的快速发展，一方面为顾客提供了低成本、快捷、丰富的信息来源，另一方面也产生了如下许多问题：

（1）信息质量下降

信息量快速增长并且未加以管理控制，使得信息提供商疲于维护资料，造成网络上的信息过时、不完整甚至不正确。

（2）信息过载

信息的快速扩散造成网络上充斥着海量而且可能重复的信息，网络顾客需要花费许多额外的精力去分析、判断和过滤所找到的资料。

---

① 姚建宇，邓少灵. 消费者渠道选择行为研究 [J]. 2021（2015-6）：131-136.

（3）网络迷航

互联网通过超链接的方式连接到不同的文件和页面，这种非线性的浏览方式常使网络顾客迷失在庞大的网络空间中，不但失去方向，也不知道目前的位置。

基于这些因素，网络顾客信息搜寻行为已经成为网络顾客行为研究的重要课题之一。

3. 网络顾客购买行为

在线购买行为指的是通过网络购买产品或服务的过程。网络已经成为产品信息的重要来源，但是还存在一些因素阻碍着顾客从信息搜寻发展为网上购买，而网络顾客的购买行为可能是在线销售商最为关心的问题。尽管网络销售增长率非常高，但是也有证据表明，有很多有购买意向的顾客在搜索访问零售商的网站或App后，却最终放弃了购买。研究网络顾客购买行为，发现影响网络顾客购买行为的因素及其作用机制，对于改进网站技术和营销策略有重要意义。

三、网络顾客购买过程分析

（一）确认需要

网络顾客需求的确认是整个网络购买的起点。需求构成了顾客的购买动机，这是顾客购买过程中不可缺少的基本前提。只有当顾客对某一产品产生了兴趣时，才会想要购买。如若不具备这一基本前提，顾客也就无法做出购买决定。

顾客的需求受内外部各种因素的影响。例如，人们想吃某种食品，不一定是由于饥饿，而可能是由于闻到了食品诱人的香味而产生的食欲。对于网络营销来说，目前诱发需求的动因只能局限于视觉和听觉。随着网络技术的不断发展，顾客的购买行为日趋理性化，简单的文字、图片和视频的刺激已经不再是唤起顾客需求的主导因素，而顾客的自身需要这一内在因素逐渐成为顾客需求的决定性因素。

从这方面讲，网络营销想要吸引顾客具有相当大的难度。商家被动迎合顾客的要求行不通，这就要求从事网络营销的企业或中介商注意了解与自己产品有关的实际需求和潜在需求，了解这些需求在不同时间的不同程度，了解这些需求是由哪些刺激因素诱发的，进而巧妙地设计促销手段去吸引更多的顾客浏览网页，诱导他们的需求欲望。

（二）信息搜寻

在购买过程中，顾客收集信息的渠道主要有两个，即内部渠道和外部渠道。

内部渠道是指顾客个人以往所保留的市场信息，包括顾客以往购买商品的实际经验、对市场的观察等；外部渠道则是指顾客可以从外界收集信息的通道。在网络环境下，由于信息技术的快速发展和信息爆炸时代的来临，外部信息的来源与传统环境下相比有明显扩大的趋势。

一般来说，在传统的购买过程中，顾客通常是在被动的状况下进行信息收集的。与传统购买时信息的收集状况不同，网络顾客的信息收集带有较强的主动性。这就要求网络营销企业掌握顾客的信息渠道，并采用适当的方式给予顾客其所需要的信息，这种推广方式对企业来说既能达到效用的最大化也能降低推广成本。

不同的网络顾客，对于信息的需求有着不同的层次，主要有以下三个模式：

1. 普通信息需求

这一类信息需求的产生基础是顾客对其产生购买动机的产品或服务并没有深入了解，也没有建立其严格的评判标准，只是对该产品或服务的类型或品牌产生了倾向。此时，顾客对于锁定的产品或服务有了一定的期许，比如对价格、售后、质量、品牌等各方面的期待。在这种情况下，网络营销企业应通过适当的渠道加强对产品或服务优势的宣传，加强顾客对于该产品或服务的兴趣。例如，一个顾客决定在某一图书销售网站上购买一些图书，在他对产品还没有详尽了解的情况下，网站上的一些促销信息和畅销排名等很可能影响他的购买倾向。

2. 有限的信息需求

处于优先信息需求模式的顾客，对于感兴趣的产品和服务已经产生了特定的评判标准，但还没有确定对网络商家或品牌的倾向。此时网络顾客会更有针对性地收集信息，例如，顾客打算购买一件正装，此时他已经对参评的类型有了比较严格的要求，在对特定类型的产品进行信息的收集后，可能最后会被其中的某一套正装的价格、款式、质地、精美图片等吸引，并选择购买。

3. 精确的信息需求

在这种模式下，顾客对于产生购买动机的产品或服务已经产生了明确的购买倾向，对其已经有了较为深入了解，并积累了一定的经验。此时他所需要的是更精确的产品和服务信息，他会从这些详细的信息中找出自己的真正需求所在。此时他所需要的信息也是最少的。因此网站除了提供大量对产品优点的描述、宣传图片等信息之外，还应该提供产品和服务的本质信息，以供此类顾客选择。例如，顾客打算购买一台三星的游戏机，他已经对这个品牌有了很强的购买倾向，对游戏机产品也有自己的深入了解，他对此类游戏机的需求信息可能集中于游戏机的各项功能指标等，也就是说，他更关心游戏机的性能参数信息。

（三）备选产品评估

顾客需求的满足是有条件的，这个条件就是实际支付能力。没有实际支付能力的购买欲望只是空中楼阁，不可能导致实际的购买。为了使消费需求与自己的购买能力相匹配，评估选择是购买过程中必不可少的环节。顾客对各条渠道汇集而来的资料进行比较、分析、研究，了解各种产品的特点和性能，从中选择最为满意的一种。一般说来，顾客的综合评估主要考虑产品的功能、可靠性、性能、样式、价格和售后服务等。

网上购物不直接接触实物。顾客对网上产品的比较依赖于厂商对产品的描述，包括文字的描述和图片的描述。网络营销企业对自己的产品描述不充分，就不能吸引众多的顾客。而如果对产品的描述过分夸张，甚至带有虚假的成分，则可能永久地失去顾客。

（四）购买决策

网络顾客在完成对产品的比较选择之后，便进入到购买决策阶段。与传统的购买方式相比，网络顾客的购买决策有许多独特的特点。首先，网络顾客理智动机所占比重较大，而感情动机的比重较小。其次，网络购买受外界影响较小，大部分的购买决策是自己做出的或是与家人商量后做出的。最后，网上购物的决策行为较之传统的购买决策要快得多。网络顾客在进行产品购买决策时，一般必须具备三个条件：第一，对厂商有信任感；第二，对支付有安全感；第三，对产品有好感。所以，树立企业形象，改进货款支付办法和商品邮寄办法，全面提高产品质量，是每一个参与网络营销的企业必须重点抓好的三项工作。这三项工作抓好了，才能促使顾客毫不犹豫地做出购买决策。

（五）购买后行为

顾客购买产品后，往往会通过使用，对自己的购买选择进行检验和反省，重新考虑这种购买是否正确、效用是否理想以及服务是否周到等问题。这种购买后评价不仅决定了顾客今后的购买动向，也在很大程度上影响着其他潜在顾客的购买行为。因此企业及时地知悉并认真研究顾客的反馈也就成了提高自身竞争力、最大限度地占领市场的重要手段之一。

互联网为网络营销企业收集顾客购买后评价提供了得天独厚的优势。方便、快捷、便宜的电子邮件紧紧连接着企业和顾客。企业可以在订单的后边附上一张意见表。顾客购买产品的同时，就可以同时填写自己对企业、产品及整个销售过程的评价。企业从网络上收集到这些评价之后，通过计算机的分析、归纳，可以迅速找出工作中的缺陷和不足，及时了解顾客的意见和建议，随时改进自己的产品性能和售后服务。现代营销所研究的购买过程是无止境的，真正优秀的高质量营销应该是循环并向上延伸的，这就要求在每一次购买过程之间确立一个结点，对于企业来说是优良的售后服务，对于顾客来说就是购买后评价体系。网络营销企业应该及时收集顾客的反馈信息，通过对评价信息的分析归纳，找到自身的不足，随时改进自己的产品性能和服务品质。

第五章　网络营销工具

第一节　即时通信工具

即时通信工具（Instant Message，简称 IM）是指互联网上用以进行实时通信的系统服务，允许多人使用即时通信软件实时传递文字信息、文档、语音及视频等信息流。

综合类即时通信软件的用户群体以及用途并没有明显特征，该类型最典型的软件是腾讯 QQ 和微软 MSN Messenger。从软件的历史分析，综合类即时通信软件出现时间较早，在功能以及用户规模上均有较好的积累，而这种积累也为其潜在价值的挖掘创造了便利条件。

跨网络即时通信软件指其信息传输网络除了互联网之外，还将传统电信网络纳入其中。受国家电信政策的影响，目前真正实现跨网络的即时通信软件并不多，其中最典型的是 Skype。

垂直即时通信的用户针对性较强，其往往由其他互联网服务带动兴起，如门户型即时通信工具网易泡泡、新浪 UC。而随着电子商务的兴起，一批新即时通信工具也应运而生。其中，阿里旺旺尤为突出。

一、QQ

（一）营销 QQ 概述

营销 QQ 是在 QQ 即时通信的平台基础上，专为企业用户量身定制的在线客服与营销平台。它基于 QQ 海量用户平台，致力于搭建客户与企业之间的沟通桥梁，充分满足企业客服稳定、安全、快捷的工作需求，为企业实现客户服务和客户关系管理提供解决方案。

（二）营销 QQ 的使用技巧

1. 基础对话功能

（1）多人在同一窗口聊天。（2）支持保存数百条快捷回复：常用回复内容，双击即可发送；同时可通过"设置共用快捷回复"统一管理；快捷回复支持两级文件夹结构，方便管理；共用回复内容保存在云端，所有工号同步更新。(3)访客分流。(4)未接入客户管理。(5)工号间或企业间可建立联系：营销QQ用户可添加其他营销QQ为好友，实现企业间的资源共享；企业间可通过营销QQ进行会话；同一企业工号间可进行内部会话。(6)营销QQ邮箱：营销QQ邮箱是系统为每个开通营销QQ服务的企业，统一分配的一个与其账号一一对应的邮箱账号；支持离线文件发送，上传完毕之后可以分享和保存至网盘等。(7)远程协助，音视频沟通：由客户发起远程协助请求，客服端即可进行操作；支持营销QQ与客户之间进行音频或视频通话，提供多媒体沟通方式。

2. 网站功能整合与增强

(1) 嵌入在线咨询代码

按需生成营销QQ在线咨询图标，若选择使用QQ聊天风格的在线状态，如果客户电脑上安装了QQ，则点击在线咨询图标时会要求客户登录QQ与企业交流；如果客户电脑上未安装QQ，则会打开匿名聊天窗口与企业匿名交流。客户登录QQ之后可保证其QQ号码、消息记录等相关通信息完整保存在营销QQ中，便于企业维护客户关系，对客户分类主动营销。

(2) 查看网站用户及详细信息

实时查看当前网站访客列表；选定单个访客，可查看访客来源及浏览页面信息；针对网站访客设置手动或自动发起邀请。

(3) 网站访问统计辅助

为企业提供腾讯站点统计工具；整合展示会话量数据等信息。

3. 客户接待与信息维护

(1) 一号对外，多人在线。(2) 对于跟进型客户可设置独占：二次来访客户仅能被"第一次接待来访的客服"看到和回复以确保跟单过程万无一失。(3)支持将会话无缝转接：可将来访客户转接给对应的客服工号；接到他人转接的客户，可查看之前消息记录。(4) 实时查看访客来访轨迹：会话中实时查看客户来访信息，包括所在地、点击来源、正在浏览页面、过往接待与服务记录等。(5) 便捷迁移现有客户：快捷安全批量导入QQ客户；有的放矢地按条件筛选QQ客户。

4. 服务监控与客服管理

(1) 消息记录漫游与查看

消息记录可漫游及保存至云端，重装系统或者更换电脑也不会丢失；同时可以根据接入工号和消息类型等进行筛选。

（2）会话中支持抢接

客服主管在查看客服接待情况时，可以将服务质量不到位的会话抢接，为客户提供更完善的服务。

（3）工作日报查看

可以查看工号的工作情况图表，根据工号和日期来进行不同数据筛选，时时对客服人员的服务水平进行评估。

（4）访客满意度报表

可按需设置满意度调查内容；会话结束后会向用户发出调查；登录账户中心查看或导出统计报表。

5. 主动营销与业务推广

（1）在线访客主动邀请

可展示当前在线访客数与可邀请数，并与在线代码紧密结合，向用户弹出邀请。

（2）一键群发消息

群发功能可实现向海量用户一键发送消息，可以定期向海量客户发送通知、促销信息或节日问候；还支持向特定的客户分组发送消息，通过群发功能，可以快速精准地向客户传递信息，及时收集用户反馈。

二、 Skype

（一）Skype 概述

Skype 是一款即时通信软件，具备 IM 所有的功能，比如视频聊天、多人语音会议、多人聊天、传送文件、文字聊天等。它可以高清晰与其他用户语音对话，也可以拨打国内国际电话，无论固定电话、手机均可直接拨打，并且可以实现呼叫转移、短信发送等功能。

（二）Skype 的使用技巧

中国 MSN 用户目前已经可以顺利转移到 Skype 上，并且可以正常通信。通过微软官方下载的 Skype 支持简体中文，用户还可以通过信用卡充值，直接在 Skype 上拨打好友电话或者发送短信给好友①。

---

① 李宏麟，蔡文雄，杨子毅. 变更使用者界面为 Skype 专用界面的方法及其界面变更系统：CN104978103A [P]. 2015.

（1）先下载 Skype 最新的应用程序，下载后双击应用程序，进行安装。（2）安装之后，就出现了登录界面，选择使用 Microsoft 账号登录即可。（3）使用 MSN 账号登录的界面，输入账号和密码，点击登录。（4）点击继续，或者设置头像。（5）如果想和好友通话，Skype 会出现充值界面。（6）充值界面有详细信息。（7）拨打电话界面。（8）即时聊天界面，与 MSN 操作一样。（9）如果想要通过 Skype 查找客户，打开 Skype，选择搜索 Skype 用户。（10）比如要找德国 LED 产品客户，就输入 LED GmbH（GmbH 是有限责任公司的德语缩写），就能搜索到信息。（11）这样可以直接找出几个对口公司。对于有网站的 Skype 对口客户，可以直接发邮件，有名字的客户，对方的阅读机会就大很多。也可以直接给对方电话进行开发。还可以输入产品名，然后通过看客户账户，搜索客户账户确认是否对口。

三、阿里旺旺

（一）阿里旺旺概述

阿里旺旺是淘宝旺旺与阿里巴巴贸易通整合在一起的新品牌，是淘宝网和阿里巴巴为买卖双方量身定做的免费网上商务沟通软件，它能帮助企业轻松寻找客户，发布、管理商业信息，及时把握商机，随时洽谈生意。

（二）阿里旺旺的使用技巧

1. 使用好签名

阿里旺旺有签名功能，在与客户沟通的时候，这个签名会出现在客户聊天界面的最顶端位置，客户第一时间就可以看到。签名字数最好控制在 15 个字内，言简意赅，让客户看一眼就明白。

2. 建立"组"

学会在阿里旺旺上建立"组"，能够很好地对好友（包括客户）进行有效的分类管理。比如，建立"意向客户""成交客户""商界好友""阿里网友 1""阿里网友 2""阿里网友 3""阿里网友 4""阿里网友 5"。其中，"阿里网友"都是普通的网友，数量最多。每个"组"最好只保留 200 人，这是为了保证顺利群发消息。建立"组"的具体操作步骤是：在旺旺的空白处，点击右键，然后选择点击"添加组"，然后对"组"进行命名。

3. 群发文章

写好了文章，可以把文章群发给阿里旺旺上的网友，让他们一起分享。首先要用光标按住组名，然后点击右键，选择点击"向组员群发消息"。旺旺的系统规定，如果要顺利群发消息，每个"组"只允许有200个人，如果超出200个人，要把其他人移到其他的"组"里去。在群发的时候，通常是粘贴上文章的标题和链接地，还可以贴上一小段广告语。这里要特别注意一点的是：很多网友不喜欢收到群发文章，所以要在群发消息里写上一句"如有打扰，请告知"。对方如有回应，明确表示不希望再收到群发消息，那么你有两个处理方式：一是建立一个"组"，这个"组"专门用来放置不希望再收到群发消息的网友；二是直接删除对方。

4. 建立"群"

要学会使用群来做营销。QQ群营销跟旺旺群营销是一样的。你要多建立几个群，让你的潜在客户加入群里来，然后集中向他们推销产品。建群很简单，在旺旺上找到"我的群"，根据提示，双击，然后命名群名称，并且要对群进行精准的分类。

（1）认真选择群

想要运用群来实施营销活动，首先要认识到潜在客户是什么群体，哪些人最有可能购买产品。

（2）建立自己的群

首先，要不断沉淀积累自己的客户，建立自己的群，只有这样才会形成稳定的圈子，要想自己的群营销能够有效，就必须在群里聚集一定的人气；其次是群里人的活跃度，活跃度越高的群，大家都积极参与，受众接受的概率越高。

（3）群内做广告

①不要做太直白的广告，让群友觉得你唯利是图。②要为群友提供有价值的信息，而不是一味地推销产品。③要对所经营的行业了如指掌，以专家的身份给予意见。

第二节　电子邮件营销工具

一、邮件群发软件

（一）邮件群发软件概述

邮件群发软件是适用于各种需要发送邮件到大量地址的应用，如电子报刊发行、邮件列表订阅发送、多客户企业联系、论坛版主、网站管理员等。

（二）邮件群发软件功能

1. 主菜单栏

包含双翼软件所有功能菜单。

2. 主工具栏

包含常用的功能按钮。

3. 任务目录

共包含四个目录，括号中数字表示目录中的任务数量。

4. 任务列表

显示任务目录中的所有任务。

5. 常用连接

显示常用的连接，这些连接对使用和了解双翼软件有很大帮助。

6. 任务线程列表

显示正在发送任务使用的线程。

7. 任务线程进度

显示线程的过程，显示正在使用哪个邮箱发送，正在发送哪封邮件，是否发送成功。

8. 状态栏

当鼠标移动到界面的某个区域，或者某个菜单上时，显示相应的提示信息；"自动关机"状态，灰色图标表示没有启动自动关机，红色图标表示已经启动自动关机，双击图标可以切换。"登录身份"状态，灰色图片表示没有登录，也就是没有设置密码。彩色图标表示已经登录，后面的文字显示登录身份：管理员、用户。双翼图标可以锁定双翼软件。

（三）双翼邮件群发软件的使用流程

双翼邮件群发软件的操作步骤如下：

1. 建立发送邮箱账户

发送邮箱账户是用于发送邮件的邮箱，所有的邮件都是通过账户邮箱发出去的。

操作步骤：在主界面的工具栏选择账户"发送邮箱"，打开发送邮箱账户管理界面，进行添加账户操作或导入账户。

2. 建立邮件地址

双翼软件提供"地址簿"管理，所有接收者邮件地址都放在地址簿中。

操作步骤：在主界面的工具栏选择地址簿"接收邮箱"，打开地址簿管理界面，进行添加邮件地址操作或导入邮件地址。

3. 群发邮件

建立邮件群发任务来完成邮件群发。

操作步骤：在主界面的工具栏选择新群发任务"新任务"，打开群发任务界面，选择发件人、收件人，录入标题、邮件内容。

（四）双翼邮件群发软件的使用技巧

1. 防止被拦截

进入收件人的垃圾邮箱、收件人拒收、发送邮箱禁止发送（发送失败），这些情况都是被拦截。被拦截的因素很多，发送邮件内容是一个主要的因素：大量发相似、相同的内容，例如包含相同的关键词、相同的图片、相同的网址。双翼软件在新建群发任务时，按邮件主题下方的"防被拦截"按钮，打开"高级"选项中的"宏变量"，可以设置多个宏，让邮件内容多变，防止被拦截。

2. 使用地址簿、地址组

地址簿一般作为大的分类，比如一个国家、一个行业，这样可以很好地判断地址是否重复，避免重复给客户发信（给客户多次发送同样的信是不礼貌的）。组一般作为小的分类，如上个月的客户、第一批客户、对某个产品感兴趣的客户，对客户准确分类，方便管理。

3. 编辑网页（HTML）邮件

双翼邮件群发软件可以发送图文并茂的网页（HTML）邮件，在建立群发任务时可以直接编辑，在邮件模板中也可以直接编辑。

4. 发送测试邮件

单击"测试邮件"，出现发送测试邮件窗口，"消息"框中将显示完整的测试过程。如果发送失败，将出现错误码及错误信息，根据这些错误信息可以判断错误的原因。

二、邮件列表

（一）邮件列表概述

邮件列表（Mailing List）的起源可以追溯到 1975 年，它是互联网上最早的社区形式之一，也是互联网上的一种重要工具，用于各种群体之间的信息交流和信息发布。早期的邮件列表是一个小组成员通过电子邮件讨论某一个特定话题，一般称为讨论组。早期联网的计算机数量很少，讨论组的参与者也很少，随着计算机及信息技术的发展，互联网上产生数以十万计的讨论组，讨论组很快就发展演变出另一种形式，即有管理者管制的讨论组，也就是现在通常所说的邮件列表，其最大的特点是简单方便、传播广泛。只要能够使用 E-mail，便可使用邮件列表。

邮件列表不仅广泛应用于企业业务的联络、同学亲友的联系，而且拓展到技术讨论、邮购业务、新闻的发布、电子杂志等，涉及社会的方方面面。

正是由于具有方便快捷的特点，符合了当今社会人们追求个性化的需求，所以邮件列表自问世以来，就受到广大网民的青睐。邮件列表的市场由于蕴涵着巨大商机，更成为各大网站趋之若鹜的对象。目前，国内比较专业的邮件列表服务商有希网、索易、通易、好邮等，而 Sohu、163、腾讯等综合性网站也相继开通了邮件列表的服务。

（二）邮件列表的功能

无论是专业性邮件列表网站，还是综合性的邮件列表网站，主要都提供以下两种服务：一是用户申请邮件列表用户，成为某个邮件列表的管理者，向其他用户提供邮件列表服务；二是普通用户订阅邮件列表，成为信息的接收者。

（三）邮件列表的设置操作流程

下面以网易邮箱为例，详细介绍创建、管理和订阅（邮件列表）方面的使用流程：（1）打开浏览器并登录已有的网易邮箱账户，然后点击菜单栏的"通讯录"按钮。（2）单击左侧菜单栏中最下方的"邮件列表"项。（3）点击右侧的"创建邮件列表"按钮。（4）输入邮件列表的详细情况，包括邮件列表的账号、名称、分类、描述及隐私设置等，点击下方的"创建邮件列表"按钮。（5）这样，邮件列表就创建成功了。此时可以复制最下方的链接地址给好友，邀请好友加入。（6）还可以在邮件列表的主菜单上单击下方的"邀请"按钮，然后复制下面地址给好友，邀请加入；或者通过从通讯录中选择已有好友邀请加入邮件列表，这样等到对方看到邀请信后，就会加入。

（四）邮件列表营销方法及主要问题

电子邮件营销的出色效果早已为网络营销界所认可，而邮件列表是实现 E-mail 营销的主要手段。邮件列表不同于群发邮件，更不同于垃圾邮件，是在用户自愿加入的前提下，通过为用户提供有价值的信息，同时附带一定数量的商业信息，实现网络营销的目的。

在决定采用邮件列表营销时，首先要考虑的问题是：是建立自己的邮件列表呢，还是利用第三方提供的邮件列表服务？应该说这两种方式都可以实现电子邮件营销的目的，但是这两种方式各有优缺点，需要根据实际情况选择。

如果利用第三方提供的邮件列表服务，一般要支付费用，有时代价还不小，而且，不可能了解潜在客户的资料，邮件接收者是不是公司期望的目标用户，也就是说定位的程度有多高，事先很难判断，邮件列表服务商拥有的用户数量越多，或者定位程度越高，通常收费也越贵。另外，也可能受到发送时间、发送频率等因素的制约。

由于用户资料是重要资产和营销资源，因此，许多公司希望拥有自己的用户资料，并将建立自己的邮件列表作为一项重要的网络营销策略。在创建和使用邮件列表时应该重点考虑三个方面的问题。

1. 建立邮件列表的目的和表现形式

每一项营销活动或每一种营销计划都有其特定的目的，邮件列表也不例外。按照邮件的内容，邮件列表可分为新闻邮件、电子刊物、网站更新通知等类型，不同类型的邮件列表表达方式有所区别，所要达到的目的也不一样。当建立自己的邮件列表时，首先应该考虑，为什么要建立邮件列表。

就目前环境来看，大部分网站的邮件列表主要是前两个目的，因为，一般网站的邮件列表规模比较小，靠出售广告空间获利的可能性较小，而提供收费信息服务的条件还不太成熟。不过，这些目的也不是相互孤立的，有时可能是几种目的的组合。

确定了建立邮件列表的目的之后，接下来要规划通过什么表现形式来建立邮件列表。这个问题和用户的需求行为有关。比如，作为促销工具的邮件列表，要了解用户对什么产品信息感兴趣，并在邮件内容中重点突出该产品的特点、优惠措施等；而一个注重与用户交流的邮件列表，则通常会告诉用户，网站有什么新的变化，更新了哪方面的内容，增加了什么频道等。例如，亚马逊网上书店就有这么一项服务，用户只要告诉网站对哪个作者的新书感兴趣，只要该作者有新书到货时，用户就会收到亚马逊网上书店发来的通知。这种服务对增加顾客忠诚度和公司长期利益无疑有良好效果。

2. 如何发行邮件内容

（1）采用群发邮件程序的邮件列表

严格说来，这并不是真正意义上的邮件列表，不过由于这种方式被许多小型网站所采用，因此也可以理解为一种简单的邮件列表形式，通常适合于用户数量比较小的情况，网上经常有此类共享或免费程序可以下载，当然，如果通过正式渠道购买原版软件更好。方法很简单，可以在自己的网页上，设置一个供用户提交电子邮件地址的订阅框，通过表单或 E-mail 的形式将用户输入的电子邮件信息传送给服务器后台管理区或者网站管理员的邮箱中，然后，在需要发送邮件内容（比如新闻邮件或电子杂志）时，利用群发邮件程序将欲发送的内容同时发送给所有订阅用户的邮箱地址。当然，有些程序可能对每次最大发行数量有一定的限制，如果邮件列表订户数超出了最大数量，分若干次发送就可以了。

这种发行方式最大的缺点是需要人工干预，因此，错误在所难免，可能出现漏发、重发、误发、没有按照用户要求及时办理退订手续等情况。因此，在一个网站的邮件列表拥有一定数量用户之后，最好不要利用这种方式。

（2）利用第三方邮件列表发行平台

这是大多数网站邮件列表采取的形式。通常的方法是，在邮件列表发行商的发行平台注册之后，可以得到一段代码，按照发行商的说明，将这些代码嵌入自己网站需要放置的地方，于是，在网页上就出现了一个"订阅"选项（有的同时还有一个"退订"选项），用户可以通过在网页上输入自己的电子邮件地址来完成订阅或者退订手续，整个过程一般由发行系统自动完成。

不同发行商提供的服务方式有所不同，有些发行系统除在网页上完成订阅之外，同时还可以提供利用电子邮件直接订阅或退订的功能，有的则可以提供自动跟踪和抓取等先进技术，有些则允许为用户提供个性化服务。例如，用户不仅可以自己设定邮件的格式（纯文本格式、HTML 格式、RICH MEDIA 格式等），而且还可以设定接收邮件的日期，并决定是否允许通过手机通知邮件到达信息等。

利用第三方邮件列表发行平台的最大优点是减少了烦琐的人工操作，提高了邮件发行效率，但同时也附带了一些明显的影响，尤其在选择的是免费发行平台时。

第一，大部分发行商会在提供的代码中插入类似"由×××（发行商）提供"等字样，并在网页上设定指向该发行商网址的链接，这种情况对于非商业性网站或者个人主页来说，也许没有什么影响，但是，对于商业网站，有时会严重影响企业形象，正如使用免费邮箱和免费网页空间对企业造成的影响一样。因此，商业性网站应慎重，不能因为贪图便宜而损害到自己企业的形象。通常，通过和发行商的联系和协商，在达成一定协议的条件下，这种情况是可以解决的。

第二，也许是最麻烦的一点，当用户输入邮件地址，并点击"订阅"或"提交"按钮后，反馈的是发行商服务器上的确认内容，确认订阅的邮件通常也直接来自发行商的邮件服务器，这样不仅会给用户造成一种错觉，似乎是点击错误而进入了一个不相干的网页，而且，确认页面通常没有可以返回到刚刚浏览网站的链接。解决这个问题的办法是和发行商协商订制一个专用的反馈页面，或者选择一个可以提供自己订制反馈页面的发行平台。

第三，无法预计的插入广告。第三方邮件列表发行商吸引其他网站利用其发行系统的主要目的是向邮件列表中的用户投放广告，这本来是互惠互利的合作，但是在某些情况下，由于无法知道发行商将要在邮件中投放的广告数量和字节大小，可能会造成邮件字节数过大而收到用户投诉，或者，如果邮件内本来已经包含广告，再加上发行商投放的广告而显得广告数量过多，一方面影响整个邮件的美观，同时也会使用户对企业产生负面印象。

第四，管理和编辑订户资料不方便。各发行平台大都不同程度地存在着这样或那样的问题，与采用群发邮件方式相比，通常要麻烦一些。例如，无法查看每天加入和退出用户的详细资料、不能批量导入或导出用户资料、不能获取发送不到的用户地址的详细信息等。

除了上述几种主要不方便或不利之处外，也有发行系统会设立用户人数限制，遭受某些邮件服务器的屏蔽，存在发行系统功能缺陷等，需要在实际运用中认真测试和跟踪，并及时排除因邮件列表发行系统可能带来的影响。

实践证明，采用第三方邮件列表发行系统的确存在各种各样的问题，因此，在选择服务商时需要慎重，同时考虑到将来可能会转换发行商，要了解是否可以无缝移植用户资料，同时还要考察服务商的信用和实力，以确保不会泄露自己邮件列表中的用户资料，并能保证相对稳定的服务。

3. 如何吸引用户加入

（1）将邮件列表订阅页面注册到搜索引擎

如果有一个专用的邮件列表订阅页面，可将该页面的标签进行优化，并将该网页提交给主要的搜索引擎。

（2）其他网站或邮件列表的推荐

正如一本新书需要有人写一个书评一样，一份新的电子杂志如果能够得到相关内容的网站或者电子杂志的推荐，对增加新用户必定有效。

（3）提供真正有价值的内容

一份邮件列表真正能够取得读者的认可，靠的是拥有独特的价值，为用户提供有价值的内容是最根本的要素，是邮件列表取得成功的基础。

第三节 网络营销客户服务工具

一、电子邮件

（一）电子邮件概述

电子邮件（E-mail）是企业提供客户服务的一个非常重要的工具。企业的客户服务人员可以通过电子邮件向客户发送调查问卷、客户反馈意见及广告，甚至通过电子邮件进行市场开发。现在很多市场促销活动的信息是通过网络传递的。不少人已经将电子邮件作为与企业沟通的首选工具，企业使用电子邮件也带来更多的便利性与效益。例如，电子邮件不需要实时回答，一些常用的内容也可以采用剪贴的方法而不用逐字输入。但是随着电子邮件应用的推广，客户受到各类垃圾邮件的困扰，因此在使用电子邮件时，应该掌握一定的使用规律。

（二）电子邮件的功能

1. 建立对话掌握用户意图

也许我们习惯给新用户发送关于自己产品的邮件，但没有意识到这样做是试图把产品卖给根本不了解的人。如果没有足够的、真正有用的定性数据，邮件营销很难达到理想的效果，没有正确的邮件内容信息，很难打动用户。所以在执行常规的邮件营销活动或系列邮件营销之前，可以先发送一封简单的对话电子邮件，旨在帮助我们了解用户。

2. 处理客户所投诉的问题

电子邮件能很方便地保存和记录客户的投诉，逻辑性强、证据性高、主观意识少。当投诉部门收到客户投诉邮件时，可以第一时间向客户表达抱歉之意，也可以向客户清楚说明该投诉处理需要走的流程。

3. 对客户的询问做出答复

客户的询问内容可能涉及企业各业务部门的工作内容，采用电子邮件答复可以给客服人员保留充足的时间收集客户询问的相关信息，确保回复的准确性。

4. 广而告之公司的相关事宜

企业广而告之的事宜多用于品牌宣传、新品上市时，以引发购买、增加品牌认知或增进产品的区别性为目的，电子邮件不仅能全面展示企业信息，而且用户对于信息接收与否有主动权，较之于其他手段更易为用户接受。

（三）电子邮件的管理技巧

1. 安排邮件通路

要实现确保每一位顾客的信件都能得到认真而及时答复的基本目标，首要措施是安排好顾客邮件的传送通路，以使顾客邮件能够按照不同的类别有专人受理。正如很多公司服务热线的接线员所感受到的那样，顾客期望他们的问题得到重视。无论是接线员直接为顾客解决问题，或是公司有关负责人解决问题，顾客都希望接线员热心地帮助他们。在顾客电子邮件管理中，存在同样的情况，即如何有效地进行顾客邮件的收阅、归类与转发等管理工作问题。例如，把公司所有的 E-mail 地址放在同一网页上，嵌入"邮向"（"mail to"）指示器发给相关负责部门。

2. 预先对顾客问题分类并落实回答部门

对于顾客提出的各种各样的问题，可按两个层次分类进行管理。

（1）把顾客电子邮件所提出的问题按部门分类

可分为以下几类：

销售部门：关于价格、供货、产品信息、库存情况等。

顾客服务部门：如产品建议、产品故障、退货、送货及其他服务政策等。

公共关系部门：如记者、分析家、赞助商、社区新闻、投资者关系等。

人力资源部门：如个人简历、面试请求等。

财务部门：如应付账款、应收账款、财务报表等。

（2）为每一类顾客电子邮件分派专人仔细阅读，同时还必须对这类信件的紧急程度进行划分

可分为以下几个等级：①给公司提出宝贵意见的电子邮件，需要对顾客表示感谢。②普通紧急程度的电子邮件，需要按顺序排队，并且应在 24 小时内给予答复。③特殊问题的电子邮件，需要专门的部门予以解决。④重要问题的电子邮件。⑤紧急情况的电子邮件。

根据以上划分优先级的方式，大部分信件可归入普通紧急程度的优先级中。对于此类问题，在公司的数据库中应准备好现成的答案，这样就可以迅速解决绝大部分问题，并且，应该在回信中告诉顾客，当下一次遇到同样问题时，顾客自己如何在网站上寻找解决问题的答案。特殊问题意味着在公司现有的数据库中还没有现成的答案，这就需要由有关部门或个人，如产品经理、送货员等给予答复。对于答复问题，需相应部门的高层决策者的力量。此时往往需要不断通过电

话或其他方式提醒他们，直到他们真正意识到该信件的重要性，并认真阅读和考虑解决答案。紧急情况是很少出现的。如果出现紧急情况，问题严重时，就需要跨部门的商议和决策。因此，应该把紧急情况信件发送到相关的各个部门，公司领导应立即召开部门负责人会议，共同解决。虽然这种紧急情况很少出现，但却需要投入更多的精力对过程进行预先设计，否则，一旦发生将可能使整个公司陷入混乱。

3. 主动服务客户来信

（1）E-mail 大宗信息群发功能

当企业要在短时间内将与企业或产品相关的信息通过 E-mail 邮件发送给客户或合作伙伴时，需要发送大宗 E-mail 邮件。

（2）运用电子邮件新闻，主动为客户服务

尽管随着移动互联网时代的到来，我们的阅读习惯日渐手机化；但并不是所有的内容都适应在手机屏上进行阅读，比如，当你需要阅读 3000 字的长文时。这也正是许多知名媒体，如 Vogue 至今还保留新闻信这一形式的原因。

4. 采用自动应答器，实现客户 E-mail 的自动答复

为了提高回复顾客电子邮件的速度，可以采用计算机自动应答器，实现对顾客电子邮件的自动答复。自动应答器给电子邮件发出者回复一封预先设置好的信件，这样做的目的是让发出电子邮件者放心，并说明邮件已经收悉。这种自动答复可以采用某种特定格式，如"本公司经理对您的建议很感兴趣，并十分感谢您为此花费了宝贵的时间"。采取这一方法是因为经理实际上无法抽出时间来一一阅读这些信件，而电子自动应答系统则可以更好地实现这一功能。自动应答信件或长或短，可以写得非常得体且幽默。当然过度使用自动答复也可能导致答不对题的情况，当需要对某一方面的问题进行详细解答时，自动应答将无能为力。

（四）电子邮件的使用技巧

1. 及时回复 E-mail

收到他人重要邮件后，即刻回复。紧急重要邮件理想回复时间控制在 2 小时内，要注意，不是每封邮件都应立即处理，那样占用时间太多。复杂邮件不能及时确切回复时，不要让对方苦苦等待，及时回应，哪怕只是确认一下收到并告知对方正在处理中等。

2. 针对性回复

当回复问题列表邮件时，应把问题单抄上，并逐一附上答案，进行必要阐

述，让对方一次理解；避免反复交流，浪费资源。

3. 回复认真对待

对方发来一大段邮件时，回复字数不能过少，"是的""对的""好的""收到"等字眼，非常不礼貌。

4. 同一问题的交流回复最好不超过 3 次

如果收发双方就同一个问题多次回复讨论，只能说明交流不畅，一方或双方没说清楚。此时应在电话沟通后进行判断。

5. 及时总结

较复杂问题，多个收件人频繁回复发表看法后，应立即对讨论结果进行小结，突出有用信息。

6. 区分 Reply 和 Reply All

如果只需一人知道，Reply；如果发信人提出的要求需要有结论，Reply All。如果你对发件人提出的问题不清楚或有不同意见，不要当着所有人的面不停地回复，应与发件人单独沟通，有结果后再告诉大家。不要向上司频繁发送没有确定结果的邮件。

7. 主动控制邮件往来

避免将细节性讨论意见发给上司，特别是上司不了解的业务细节。

8. 建立有效的签名

E-mail 信件可以通过签名文件来实现邮件的自动签名，与传统信件不同的是，电子邮件的签名可以包括若干行内容，而且可以通过设置对不同邮件给予不同的签名。

二、 FAQ

（一）FAQ 概述

FAQ（Frequently Asked Questions）即常见问题解答，是一种在线帮助形式，主要为顾客提供有关产品、公司的情况，它既能够激发那些随意浏览者的兴趣，也能帮助有目的的顾客迅速找到他们所需要的信息，获得常见问题的现成答案。以前，每个消费者的意见都会通过电话、传真或邮件等方式反馈给企业，企业需要一一进行服务，如果时间滞后，就会导致服务不及时；另外，公司也想把众多的信息提供给顾客，在实施网络营销后，为了解决双方的需要，经过讨论和研究，把这些问题的答案及信息汇总整理，列在一起，形成页面或者栏目，这就是 FAQ。现在，FAQ 是网上顾客服务的主要工具和重要内容之一。

（二）FAQ 功能

在网络营销中，FAQ 被认为是一种常用的在线顾客服务手段，一个好的 FAQ 系统，应该至少可以回答用户 80% 的一般问题。这样不仅方便了用户，也大大减轻了网站工作人员的压力，节省了大量的顾客服务成本，并且增加了顾客的满意度。因此，一个优秀的网站，应该重视 FAQ。

（三）FAQ 的设计技巧

FAQ 页面设计要做到为用户节约访问时间，保证页面的内容清晰易读，易于浏览。做好 FAQ 页面设计要从以下几个方面入手：

1. 保证 FAQ 的效用

经常更新问题、回答客户提出的热点问题，问题要短小精悍（重点问题在保证准确的前提下尽量简短）。

2. 使 FAQ 简单、易寻

在主页上应该设有一个突出的按钮指向 FAQ，进而在每一页的工具栏中都设有该按钮。FAQ 也应能够链接到网站的其他文件上去，这样客户就可以通过 FAQ 进入产品及其他界面。主页还应提供搜索功能，可通过关键词搜索查询到问题，FAQ 搜索功能要适应网站的需求，从客户的角度去设计搜索引擎的关键词。问题较多时，采用分层式目录结构组织问题，将客户最常问的问题放在最前面，对复杂问题可以通过设置超级链接的方式予以解答。

3. 选择合理的 FAQ 格式

FAQ 的格式设置一般将问题分成几大类，并且每类问题对应相应的区域，指引客户查询信息。一般网站的 FAQ 的分类主要有以下几种：（1）关于产品的常见问题。（2）关于产品升级的常见问题。（3）关于订货、送货和退货的常见问题。（4）关于获得单独帮助的常见问题。

4. 信息披露要适度

FAQ 为客户提供了有关企业的重要信息，但不必把所有关于产品、服务和公司的情况都刊载上去，问题回答要适度，既要满足用户对信息的需要，又要防止竞争者利用给出的信息。

（四）FAQ 的内容技巧

FAQ 的内容主要来源于客户提问，收集客户提问最多的问题，分析出客户提问的真正目的，并将问题进行汇总整理，形成 FAQ 清单。

如果将 FAQ 的内容按照客户角度来划分，则可以分为以下几个方面：（1）针对潜在客户设计的 FAQ，提供产品和服务特征的 FAQ，激发购买需求。（2）针对新客户设计的 FAQ，提供新产品的使用、维修及注意事项的 FAQ，主要用来帮助解决问题。（3）针对老客户设计的 FAQ，提供更深层次的技术细节和技术改进等信息，主要用来提高用户的忠诚度。

三、 Call Center

（一）Call Center 概述

Call Center（呼叫中心），是为用户服务的服务中心，所以，又叫客户服务中心，它基于计算机电话集成技术（Computer Telephony Intergration，CTI），充分利用通信网和计算机网的多项功能集成，并与企业连为一体的一个完整的综合信息服务系统。随着通信技术的不断发展，呼叫中心的概念已经扩展为可以通过电话、传真、互联网、E-mail、视频等多种媒体渠道进行综合访问，实现综合客户服务功能和市场营销功能的客户服务及营销中心。

（二）Call Center 的功能

企业呼叫中心最根本的目的在于利用现有的各种先进的通信手段，有效地为客户提供高质量、高效率、全方位的服务：对外有效提高客户服务质量，增加收入；对内大幅提高员工生产力，降低成本。

呼叫中心能为整个企业内部的管理、服务、调度、增值起到非常重要的统一协调作用。呼叫中心可以提高服务质量和用户的满意程度，增加业务代表处理的呼叫数目；可以降低客户服务费用，降低销售开销，减少业务代表培训费用，从而增加企业收入。

（三）Call Center 的分类

1. 外包呼叫中心

（1）优势

①系统开通较为迅速，没有系统建设成本

用户可以依托外包呼叫中心较为快速开通呼叫中心业务，省略了烦琐复杂的呼叫中心系统及设备的选型，而且没有一次性成本投入。

②运维由外包公司负责

外包公司一般有相应的运维人员，可以提供良好的运营维护，保障系统的稳定运行。呼叫中心系统涉及通信技术及 IT 技术等多方面的集成技术，对于具备一定规模的呼叫中心，运维难度大，对运维团队要求较高。

③外包呼叫中心提供整体呼叫中心业务方案

外包呼叫中心提供包括系统、场地、人员的整体呼叫中心业务方案，客户只需要把项目需求提交给外包呼叫中心，日常运营的开展完全由外包商负责。

④呼叫中心规模有一定的灵活性

由于采用外包模式，呼叫中心座席数量可以具有一定的灵活性，在增加座席数量上更为便捷。

⑤更为专业的呼叫中心运营管理

外包呼叫中心提供的外包服务，更为突出的是其专业的呼叫中心运营能力和人力资源，在呼叫中心的运营管理方面优势明显。

（2）劣势

①价格比较昂贵

并不是所有的业务都适合利用外包呼叫中心，通常那些非核心业务、阶段性业务、简单重复业务、尝试性业务、缺乏足够人力支持的业务、没有能力或不愿意提供"7×24 小时"服务的业务，可考虑外包给第三方呼叫中心来开展。

②安全无法保障

选择外包，企业客户资料的安全性及保密性是令人担心的问题，无法保障自身的数据不被泄露。

③管理存在隐患

由于业务具体开展人员是外包呼叫中心员工，在具体业务管理上面存在不小的难度，无法达到实时调度，实时管理。

2. 自建呼叫中心

（1）优势

①系统构建选择空间大

呼叫中心厂商及系统集成商数量庞大，企业可根据自己的需求选择。

②符合传统项目建设模式

采购自建是惯用的系统建设模式，尤其是政府及事业单位更适应自建模式。

③系统管理维护自主性高

对于有丰富运营呼叫中心经验的企事业单位及政府相关职能部门来讲，自建模式能更好地发挥其在呼叫中心运营过程中所构建的庞大运维团队的作用。

（2）劣势

①建设成本很高，周期很长

对于系统功能升级，需要原厂商配合集成商二次开发。在建设前期需要对自身需求准确分析，并对产品选型、供货商、集成商进行反复论证考察。建设过程中，需要把大量的人力、物力从主营业务中抽调出来，参与系统建设，经常会发生系统成功上线运行，却发现由于缺乏呼叫中心运营经验，系统功能与实际需求有很大差异。

②维护困难

呼叫中心是非常专业的通信系统，且跨越多个专业技术领域，普通 IT 人员管理和维护起来有很大的困难。大多数企业并不具备这样的专业技术人员，系统出现问题后，只能不断地求助于原厂商和集成商。

③功能无法根据需求变化而实时变化。自建呼叫中心由于系统构建的灵活性差，在座席数量及座席分布上很难做到根据企业需求的变化而变化。

3. 托管呼叫中心

（1）优势

①可有效控制呼叫中心建设成本

托管模式投入成本低，初期投资为零，座席数量可随需增减。

②与企业其他系统融合更为顺畅

托管模式提供更为开放、友好的第三方系统接口，可保证与企业 CRM（客户关系管理）、ERP（企业资源计划）等管理系统无缝融合。

③对企业个性化需求反应更快

托管模式更突出专业化服务，对客户个性化需求可以即时响应。

④系统建设周期大幅缩短，呼叫中心部署更为灵活

托管模式由于无须初期建设投资，企业决策更快；而且系统开通迅速，一般没有特殊的要求，一个工作日即可开通服务，座席没有空间限制，可放置于与任何数据网络和电话网络通达的地方。

⑤系统更为安全稳定

在托管模式下，所有系统的维护工作都由专业技术专家负责。呼叫中心系统放置在专业的电信机房里面，保证"7×24 小时"稳定运行。

⑥系统维护成本大幅缩减

企业只需要担负本地客户数据库等简单日常维护，与传统自建模式维护成本

相比，托管模式企业维护成本几乎可忽略。

（2）劣势

①长期使用费用高

使用托管呼叫中心，由于设备及系统维护人员都是向供应商租用，随着呼叫中心运营的持续，运营成本会大大超过自建型呼叫中心的初期建设投资。

②品牌强度较低

托管呼叫中心在经营中的作用相对较弱，由于主控制权归供应商所有，在个性化方面，企业就没有绝对的主控权来操作系统。

③资料安全性存在隐患

企业呼叫中心的运营数据及服务数据全部由供应商服务器存储，如果供应商的安全措施不到位，很有可能被他人窃取，从而给企业造成损失。

（四）Call Center 的服务方式

呼入方式（Inbound）：被动接受客户咨询、处理用户异议。

呼出方式（Outbound）：由客户服务代表对目标客户群进行某种产品、服务的营销或进行市场调查。

（五）Call Center 的解决方案

1. Call Center 系统组成

PBX/ACD：负责处理电话的接续（呼入、呼出、路由分配）。

IVR：自动语音应答设备，进行语音引导、自动查询及语音播报等。

CTI 中间件：核心软件，负责电话交换机和计算机网络之间的通信接口。

Rec：记录座席的通话语音。

2. Call Center 的系统解决方案

（1）按系统平台分类

①PBX 解决方案

内置 CTI-Link，须外挂语音/传真服务器、CTI 服务器、录音服务器。

②一体化解决方案

板卡型，可编程交换机型，一体机型。

③IPCC 解决方案

属于一体化融合通信的一种，平台厂商提供设备，具有 VoIP 语音网关功能，支持基于 H.323 的 IP 语音通信功能，可以搭建基于 IP 技术的分布式呼叫中心。

（2）按组网模式分类

①集中式呼叫中心

在公司总部建设一个呼叫中心系统，将分布于不同地理位置的业务集中到此中心统一处理，不再建立各地的分中心。在这种模式下，系统只需要建设一个，建设的成本相对较小。所有的座席人员和数据都集中在一起，管理起来也比较容易。

②分布式呼叫中心

在企业中心建立一个 IP 呼叫中心平台，而在各分支机构建立分布式呼叫中心，各区中心之间通过 ATM 或 DDN 专线与中心的平台相连，从而实现语音和数据的传递和共享。整个系统所需的各种服务器都设在总中心，各分中心仅需 IP 网关和能上网的电脑即可。

此外，网络营销客户服务工具还包含微信、微博等社交工具，这里不再一一介绍。

第六章　网络营销策略

第一节　网络营销产品策略

一、互联网产品与产品策略

（一）互联网产品的概念

市场营销学所讲述的产品概念是指商品交换活动中，企业为消费者提供的、能满足消费者需求的、所有有形或无形因素的总和。互联网产品就是指网络营销活动中，消费者所期望的、能满足自己需求的、所有有形实物和无形服务的总称①。

（二）互联网产品的分类

互联网产品分为实体和虚体两大类，主要是根据产品的形态来区分。实体产品是指具有物理性状的物质产品，如服装、食品等。在网络上销售实体产品的过程与传统的购物方式有所不同，在这里已没有传统的面对面的买卖方式，网络上的交互式交流成为买卖双方交流的主要形式。

虚体产品与实体产品的本质区别是虚体产品一般是无形的，即使表现出一定形态也是通过其载体体现出来，而产品本身的性质和性能必须通过其他方式才能表现出来。在网络上销售的虚体产品可以分为两大类：软件和服务。

软件包括计算机系统软件和应用软件以及数字化的资讯与媒体商品，如电子报纸、电子杂志等，是非常适合通过互联网营销的。线上软件销售商常常可以提供一段时间的试用期，允许用户尝试使用并提出意见，好的软件很快能够吸引顾客；但同时，软件销售也存在风险，比如盗版现象屡禁不止，计算机专家一直在寻找解决的办法，如对软件的加密；立法机构也在不断地推出各类保护措施。

可以通过互联网提供的在线服务大致可分为三类。第一类是情报服务，如股

---

① 汤晖. 文化产品的价值增值模式［M］. 科学出版社，2015.

市行情分析、金融咨询、电子新闻、电子报刊、资料库检索等；第二类是互动式服务，如网络交友、电脑游戏、远程医疗、法律救助等；第三类是网络预约服务，如火车票预订、入场券预订、饭店旅游服务预约、医院预约挂号等。通过网络这种媒介，顾客能够尽快地得到所需要的服务，免除恼人的排队等候的时间成本。同时，消费者利用浏览软件，能够得到更多更快的信息，提高传递过程中的效率，增强促销的效果。

（三）网络营销产品策略

网络营销产品策略就是通过市场调研，找到现有的或者研发出新的网络适销实物产品和信息产品，并围绕它们实施网络营销策略组合的全过程。

二、互联网产品层次策划

（一）核心产品层

核心产品层，也称核心利益层，是指产品能够提供给消费者的基本效用或益处，是消费者真正想要购买的基本效用或益处。营销学有句著名的话，顾客购买的不是钻头，而是墙上的洞气这个墙上的洞即是顾客在购买钻头时所需要的基本效用或益处。通俗地说，消费者要买的不是某个产品，而是需要通过这个产品来达到某种目的，或者完成某个任务。同理，顾客购买化妆品不是为了瓶子，而是为了美，为了让肤色更漂亮。

（二）有形产品层

有形产品层是核心利益或服务的物质载体，是产品在市场上出现时的具体物质形态，对于实物产品，它主要由产品的品质、材质、特征、式样、商标、包装等因素构成；对于服务产品，则由服务的程序、服务人员、地点、时间、品牌等构成，服务的程序可以以网站、App 等形式呈现。

（三）期望产品层

期望产品层也称个性利益层，不同消费者对同种产品所期望的核心效用或利益一般是相同的，但除核心利益外，不同消费者对产品所期望的其他效用又会表现出很强的个性化。同时，不同细分市场或不同个体消费者所追求的产品利益又是富有个性的。在网络营销中，顾客处于主导地位，消费呈现出个性化的特征，不同的消费者可能对产品的要求不一样，因此产品的设计和开发必须满足顾客这种个性化的消费需求。

（四）延伸产品层

延伸产品层也称附加利益层，这一层产品的内容是为了满足消费者因获得前三个层次的产品利益而派生出的延伸性需求，同时也是为了帮助用户更好地使用核心利益和服务。它通常包括售后服务、保证、优惠、信贷、赠品等内容。在网络营销中，对于物质产品来说，延伸产品层主要提供满意的售后服务、送货、质量保证等；对于无形产品，如音乐、软件等，其延伸利益的重点是质量保证、技术保证以及一些优惠政策等。

（五）潜在产品层

潜在产品层是在延伸产品层之外，由企业提供能满足消费者潜在需求的产品层次，它主要是产品的一种增值服务。它与延伸产品层的主要区别是，即使顾客没有得到产品的潜在利益层，仍然可以很好地满足其现实需求，但得到潜在利益层，消费者的潜在需求会得到满足，消费者对产品的偏好程度与忠诚程度会大大强化。在商品同质化程度越来越高的时代，潜在产品层就越来越重要。

三、互联网产品组合策略

再好的产品也会进入衰退期、淘汰期，企业在尽量延长产品生命周期的同时，也要做好产品组合策略，不致因为单一产品淘汰而陷入运营困境。

（一）产品组合的概念

产品组合（服务性企业也称业务组合），即企业的业务范围与结构，实践中也叫企业产品结构。它是指网络营销企业向网上目标市场所提供的全部产品或业务的组合或搭配。产品组合中的全部产品可以分成若干条产品线，每条产品线中又包括多个产品项目。产品线，指产品组合中所有产品根据某一分类标准划分成的产品大类。产品项目，指每一产品大类中所包括的每一种产品。

（二）产品组合决策

产品组合决策就是企业根据市场需求、竞争形势和企业自身能力对产品组合的宽度、长度、深度和关联性方面做出的决策。

产品组合的深度＝一条产品线项目数。

产品组合的长度＝所有产品项目总数。

产品组合的宽（广）度=生产线的条数。

产品组合的关联性（黏度）=各条产品线在最终使用、生产条件、分销渠道或其他方面相互关联的程度。

产品组合的宽度、长度、深度和关联性在营销策略上有着重要的意义。

1. 宽度

可以充分发挥企业的特长，使企业资源、技术得到充分利用，提高经营效益，还可以减少风险。

2. 长度和深度

可以迎合消费者的不同需要和爱好，以招徕、吸引更多顾客。

3. 关联性

可以节省成本，提高企业在某一地区、行业的声誉。

企业确定产品组合后仍要定期分析产品组合是否健全、平衡，是否需要增加、修改或剔除产品项目，是否需要延伸、缩减或淘汰产品线，以此来保持最佳的产品组合。

（三）产品组合决策工具

1. 销售额及利润比较

判断产品组合决策是否合理最直接的方法是比较每条产品线的每个产品项目的销售额和利润，销售额和利润长期低迷的产品项目或产品线应该考虑是否要淘汰。

2. 波士顿矩阵模型

波士顿矩阵又称市场增长率，相对市场占有率矩阵、四象限分析法等，是美国著名的管理学家、波士顿咨询公司创始人布鲁斯·亨德森于20世纪70年代初首创的一种分析和规划企业产品组合的方法。该矩阵认为市场引力与企业实力是决定产品结构的基本因素，市场引力指标主要包括利润高低、竞争对手强弱、目标市场容量和销售增长率四个方面，其中销售增长率是市场引力最主要的综合指标，它是决定企业产品结构是否合理的首要外因。企业实力主要包括技术、资金、设备和相对市场占有率四个指标。其中相对市场占有率是决定企业产品结构的首要内因，是企业竞争实力的综合体现。销售增长率和相对市场占有率既相互影响，又互为条件。以销售增长率和相对市场占有率两个指标进行考察就构成了波士顿矩阵。

根据"销售增长率"和"相对市场占有率"这两个指标，可以把企业所经营的产品组合分为四种类型，即"明星产品群""山猫产品群""金牛产品群"

和"瘦狗产品群"。

明星产品：高市场份额、高增长率，该产品处于产品生命周期中的发展期，为公司重点投资产品。

金牛产品：销售增长率较低，但是拥有较高的市场占有率，处于产品生命周期中的成熟期，应努力保持和延长金牛产品的生命周期。

山猫产品：市场占有率低，但是拥有较高的销售增长率，说明该产品处于产品生命周期中的导入期或发展期。如果市场和销售策略得当，山猫产品很有可能转换为明星产品或金牛产品；反之，也有可能转换为瘦狗产品，所以对山猫产品在扶持的同时应关注到它的风险。

瘦狗产品：该产品不但市场占有率低，而且增长缓慢或停滞，处于产品生命周期中的衰退期，几乎无任何盈利能力。对于这类产品要么进行升级换代，使其成为新产品，重新打入市场；要么减产或停产，直至放弃。

四、品牌策略

（一）品牌的表现形态

品牌的表现形态是品牌视觉识别系统与听觉识别系统的统一体，其中品牌命名、logo 等视觉形象、声音标识占有极重要的地位。企业通过品牌形象体系设计，对内可以获得员工的认同感、归属感，加强企业凝聚力，对外可以树立企业的整体形象，有目的地将企业的信息传达给受众，通过视觉和听觉符码，全方位地强化信息传达，从而获得受众认同。

1. 品牌命名

品牌命名是创立品牌的第一步。对于一个企业，品牌名称一经登记注册，就拥有了对该名称的独家使用权。一个好的品牌名字是一个企业、一款产品拥有的一笔永久性的财富。一个好的品牌名字应具备至少两个特征：易于记忆、易于传播。易于理解并易于发音和拼写的品牌名字才有利于记忆和传播。如果品牌名字可以体现产品属性、产品价值、企业文化等信息，那么将更有利于消费者的理解。例如谭木匠，虽然只有几十年的历史，但该品牌名字及古朴的形象给人以"百年老店"的感觉；济民可信药业的"黄氏响声丸"则给人一种强有力的联想黄氏给人一种中华中药世家古老字号的联想，借着中药的名号增加了自己产品的文化附加值，而"响声丸"三个字则强有力地说明了功效，并且给人以亮嗓开声的联想。品牌名字确定后可进行消费者测试，以确信品牌选择是否合适。

2. 品牌 logo

logo 不仅是一个精心设计的图案，而且是一个具有商业价值并兼具艺术欣赏价值的符号，能更好地将企业文化、企业精神、经营理念、战略目标等通过特殊的图形形式固定下来，从而令消费者看到 logo 而对企业产生认同。logo 必须有独特的个性，容易使公众认识及记忆，给人留下良好深刻的印象。只有特点鲜明、容易辨认和记忆、含义深刻、造型优美的标志，才能在同行业中凸显出来，使受众对企业留下深刻印象。

3. 其他视觉形象设计

除了品牌名字、品牌 logo，品牌还包括其他的形象设计。品牌的形象设计是指品牌的外观、品牌的包装、品牌的广告、品牌代言人等，如绝对伏特加独特的瓶子包装、哈根达斯浪漫系的海报设计、脑白金的跳舞小人、黑色基调包装的椰树牌椰汁……形象是品牌的根基，企业必须十分重视塑造品牌形象。

4. 声音标识

品牌传播中，声音标识的运用已经十分普遍，其重要性日益显现。由于品牌竞争的激烈，目前可视标识已经减弱了品牌传播的效果。声音标识能跨越语言文字障碍而进行沟通，能弥补可视标识在品牌传播中的不足。例如英特尔推出首个广告语 "Intel Inside"，而它同时让人们深刻记住的还有开机这段音乐。

5. 其他网络品牌形式

一个品牌之所以被认知，首先应该有其存在的表现形式，也就是可以表明这个品牌确实存在的信息，除品牌名字、logo 等形式外，网络品牌还具有可认知的、在网上存在的表现形式，如域名、官方网站、官方微博、企业电子邮箱、企业二维码、微信公众号等。

（二）品牌内涵

品牌不只是一个简单的标志符号，它具有更复杂的内涵。菲利普·科特勒指出一个品牌具有六层含义，即属性、利益、价值、文化、个性和使用者。随着品牌竞争的加剧，顾客对品牌的需求不再局限于属性、利益层次，还追求品牌所特有的价值、文化和个性，追求品牌的情感内涵。同样，企业对品牌的发展也应定位在更高层次上。

1. 品牌属性

品牌属性指品牌产品在性能、质量、技术、定价等方面的独特之处。例如，"奔驰"代表着昂贵、工艺精湛、马力强大、高贵、转卖价值高、速度快等。多年来"奔驰"的广告一直强调它是"世界上工艺最佳的汽车"。所以，一旦人们想拥有这样的汽车，肯定会想到奔驰这个品牌，因此会理性地去关注这个品牌，选择这个品牌，这种选择是一种客观的判断，而不是主观的情感决定的。

2. 品牌利益

顾客追求的不仅是所购买产品的属性，还有产品带来的利益。企业要将属性需要转换成功能与情感利益，如戴比尔斯钻石饰品，由于钻石选料精良，打磨加工精致，戴尔比斯挖掘出了钻石恒久不变的情感价值，所以其成为诠释钻石饰物象征永恒情感的代言品牌。

3. 品牌价值

品牌价值，是品牌向消费者承诺的功能性、情感性及自我表现性利益，体现了制造商的某种价值感。品牌价值是一种超越企业实体和产品以外的价值，是与品牌的知名度、认同度、美誉度、忠诚度等消费者对品牌的印象紧密相关的、能给企业和消费者带来效用的价值，是产品属性的升华。例如，"高标准、精细化、零缺陷"是海尔体现的服务价值。品牌价值需要通过企业的长期努力，使其在消费者心目中树立一种形象，再通过企业与客户之间保持稳固的联系加以体现。

4. 品牌文化

品牌也可能代表着一种文化，如万宝路香烟品牌代表了开拓、进取、自由、驰骋的文化；海尔也体现了一种高效率、高品质的文化。消费者会根据他们所喜爱的文化来选择，这也是一种感性的选择。

5. 品牌个性

品牌个性指品牌形象人格化后所具有的个性。从深层次来看，消费者对品牌的喜爱是源于对品牌个性的认同。海尔最突出的品牌个性是真诚。

6. 品牌使用者

品牌使用者指品牌所指向的用户种类或目标市场细分，品牌暗示了购买或使用产品的消费者类型。

品牌的内涵在于它除了向消费者传递品牌的属性和利益外，更重要的是它向消费者所传递的品牌价值、品牌个性及在此基础上形成的品牌文化。这里以奔驰轿车为例，来诠释品牌内涵的六个层次。

品牌属性：昂贵、制作精良、技术精湛、耐用、高声誉、高二手价、高车速。

品牌利益：昂贵＝用户受尊重，制作精良＝用户安全，耐用＝无须频繁换新。

品牌价值：高性能、安全性强、高声誉。

品牌文化：德国人的文化，即有组织性、讲效率、讲质量。

品牌个性：像知趣和不爱啰唆的人，像威严的雄狮，像不奢华的宫殿。

品牌使用者：资深高管人员。

（三）品牌定位

1. 品牌定位的基本原则

品牌定位应满足清晰、有效、持久三项原则。

（1）清晰

只有清晰准确的定位才有可能在短时间内抓住人们的眼球，进入人们的头脑，留下认知的痕迹。

（2）有效

有效既针对竞争对手，区别于对手所具有的独特差异点，又针对消费者，这种差异点的确能够吸引他们，满足他们的需求。

（3）持久

品牌定位在一开始就应该全面分析市场、竞争格局和品牌自身，从中找到可以长久占领消费者心理空间的独特优势，避免朝令夕改，摇摆不定。

2. 品牌定位方法

凯文·莱恩·凯勒在《战略品牌管理》中指出，有效的定位必须高度差异化，确定最佳定位需要考虑的三个因素与品牌评估的三个视角密不可分，那就是消费者、公司和竞争。据此，主要有以下定位方法。

（1）以产品特点为导向

以产品特点为导向进行品牌定位时，要注意产品特点与品牌的关系，既要使品牌定位与产品特点相关联，又要使品牌定位具有差异性。

①功能定位

产品首先满足的是消费者的使用价值需求，所以消费者对产品的关注第一步是功效，以强调产品的功效即产品利益点为诉求是品牌定位最基本的形式。当产品具有多个利益点时，传达一个产品利益点还是多个应该有所选择。一般而言，最突出的利益点更能打动消费者。

例如，宝洁公司旗下的产品多以功能定位，海飞丝：去屑（头屑去无踪，秀发更出众）；飘柔：柔顺（飘柔，顺起来）；舒肤佳：除菌（爱心妈妈，呵护全家）。

②价格/质量定位

质量与价格是一对姊妹。质优价高，质劣价低，这是消费者的一般认知。不管价格如何，人们都愿意获得高质量的产品，质量/价格定位即从这个认知出发，要么强调高质，与之相对应的是尊贵的享受、卓越的性能、品位的象征，即使价格惊人，大家认为物有所值，高价有理；要么表现平价质优，主要针对大众消费者。例如，家乐福："天天平价"；雕牌："只买对的，不买贵的。"

③服务定位

强调产品层次之外的服务特色，体现企业和品牌"以人为本"的理念，实现消费者对产品需求层次之外的额外增值。例如，海尔："真诚到永远"；IBM："IBM 就是服务"；小天鹅："全心全意小天鹅"。

（2）以竞争为导向

以竞争为导向的品牌定位具有排他性的特点，在肯定品牌的同时否定其他竞争品牌。

①类别定位

通过给品牌重新归类，使之明显区别于竞争品牌，从而与竞争品牌划清界限，占领消费者心中的新位置。例如，五谷道场："非油炸，更健康"；泰诺："为了千千万万不宜使用阿司匹林的人们，请大家选择泰诺"；七喜："非可乐"。

②关联定位

关联定位，也称比附定位。若第一的位置已经被他人占领了，失去了最有利地形，那就和第一名建立某种联系。当消费者由于心智阶梯的指引想到第一品牌时，就能想到与之密切相关的品牌。关联定位是通过与竞争品牌比较来确定自身市场地位的一种定位策略，即借竞争者之势，衬托自身的品牌形象。例如，宁城老窖："塞外茅台"；蒙牛初创期："做内蒙古第二品牌，为民族工业争气，向伊利学习。"

（3）以目标消费者为导向

以目标市场为导向的定位瞄准的是消费者，了解消费者希望得到什么样的利益和结果，公司能够创造和提供与之相适应的产品和利益。

①目标消费者定位

直接以产品的消费者为诉求对象，用某类人士专用的优越感突出消费者的身份归属，从而获得目标消费者群的认同。

②使用情景定位

情景定位是将品牌与使用环境、场合、使用情况等联系起来，以唤起消费者在特定情景下对该品牌的联想，从而产生购买欲望和购买行动。

③情感定位

情感诉求是中外品牌广告中运用最多的手段之一。人是情感动物，一切以情感基调的表现都能引起人们的共鸣。通过将人类情感中的亲情、友情、爱情、关怀、牵挂、思念、温暖、怀旧等情感内涵融入品牌，让消费者在使用产品的过程中获得这些情感体验，从而唤起消费者内心深处的认同和共鸣，最终获得对品牌的喜爱和忠诚。

④文化定位

文化定位是指文化内涵融入品牌定位之中，形成文化上的品牌差异，文化定位有助于提升品牌的内涵、修养以及品味，使其更加具有特色。品牌采用文化定位，有利于消费者形成某种身份认同，提升品牌形象的同时，有助于形成较为稳定、忠实的消费群体。从这个角度考虑，可将文化定位归于目标消费者为导向的定位类别。

(四) 品牌传播

品牌具备了表现形式和内涵后，还需要一定的信息传播手段。仅有品牌的存在并不能为用户所认知，还需要通过一定的手段和方式向用户传递品牌信息，才能为用户所了解和接受。

品牌传播（或品牌推广）是指整合一切资源和手段，向利益相关者传递品牌信息，以提升品牌知名度、美誉度和忠诚度，最终打造出强势品牌的过程。品牌传播的要点有五个方面：一是整合哪些资源和手段；二是向谁传递信息；三是传递哪些信息；四是实现哪些目标；五是如何管理整个传播过程。

第二节　网络营销价格策略

网络营销价格是指企业在网络营销过程中买卖双方成交的价格。价格是营销策划中的重要一环，其形成过程较为复杂，受到诸多因素的影响和制约，包括传统营销因素和网络自身因素[1]。

一、网络营销价格的影响因素及特点

影响企业定价的因素是多方面的，如企业的长期发展目标与短期生存目标、企业的生产效率、国家的经济形势、同行业竞争环境、市场需求水平、供求双方的议价能力等。市场营销理论认为，产品价格的上限取决于产品的市场需求水平，产品价格的下限取决于产品的成本费用，在最高价格和最低价格的幅度内，企业如何对产品定价，则取决于竞争对手同种产品的价格水平、买卖双方的议价

---

① 曲芸. 论企业网络营销 [D]. 对外经济贸易大学.

能力等因素。

由于网络营销减少了中间环节，节省了一定的经营成本，加上互联网及时性、互动性、跨时空和信息自由的特点，企业、消费者和中间商对产品的价格信息都有比较充分的了解，这使得网络营销在价格策略方面呈现出与传统营销不同的特点，如全球性、低价位定价、顾客主导定价等。

导致网上存在价差的原因主要是以下几个方面。

（一）产品的不可比较性

如果比较的商品不完全相同，它们的价格有些差异也就不足为奇。即使是同一种商品，它们也不是完全可替代的，因为它们可能出现在不同的场合和时段。商品的不可比性不仅表现在它的物理性质上的不同，还可以是附加在它身上的商业服务的不同。

（二）购物的便利程度及购物体验

如符合顾客浏览习惯的商品信息、方便的结算方式、快捷的物流配送、周到的服务等都可能成为产生价格差异的原因。

（三）商家的知名度

每个商家的知名度都需要企业付出和投入大量的心血、精力和金钱，之后经过长时间的市场验证和公众的认可。所以，顾客选择知名度高的商家降低了购买过程中可能出现的风险，一部分人愿意为此付费。

（四）公众对品牌和商家的信任度

顾客如果对某个品牌或商家比较信任，就不太在乎合理的价格差异。这种信任可能来自产品的销量、好评率以及之前的购物经验等。

（五）顾客锁定

商家实行一系列工具性条件反射操作，如提高顾客转换成本、消费奖励计划等。

（六）价格歧视

有时有的商家会对顾客进行分类，使不同顾客在同一时间浏览同一商家同一商品时看到的是不同的价格。比如，商家针对不同级别的顾客显示不同的折后价格。

二、网络营销定价目标

定价目标是指企业通过制定产品价格所要达到的目的。企业在为产品定价时，首先要有明确的目标。不同企业、不同产品、不同市场、不同时期有不同的营销目标，因而也就要求采取不同的定价策略。但是，企业定价目标不是单一的，而是一个多元的结合体。在网络营销中，企业定价目标主要有以下几种。

（一）以维持企业生存为目标

当企业经营管理不善，或由于市场竞争激烈、顾客的需求偏好突然发生变化等原因，造成产品销路不畅、大量积压、资金周转不灵，甚至濒临破产时，企业只能为其积压了的产品定低价，以求迅速出清存货收回资金。但这种目标只能是企业面临困难时的短期目标，长期目标还是要获得发展，否则企业终将破产。

（二）以获取当前理想的利润为目标

追求当前利润的最大化，而不考虑长期效益。选择此目标，必须具备一定的条件，即当产品声誉好并在目标市场上占有竞争优势地位时方可采用，否则还应以长期目标为主。

（三）以保持和提高市场占有率为目标

市场占有率是企业经营状况和企业产品竞争力的直接反映，它的高低对企业的生存和发展具有重要意义。一个企业只有保持或提高市场占有率，才有可能生存和发展。因此，这是企业定价选择的一个十分重要的目标。一般要实行全部或部分产品的低价策略，以实现提高市场占有率这一目标。

（四）以应付或抑制竞争为目标

有些企业为了阻止竞争者进入自己的目标市场，而将产品的价格定得很低，这种定价目标一般适用于实力雄厚的大型企业。中小型企业在市场竞争激烈的情况下，一般是以市场为导向，随行就市定价，从而也可以缓和竞争、稳定市场。

（五）以树立企业形象为目标

有些企业的定价目标是"优质优价"，以高价来保证高质量产品的地位，以此来树立企业的形象。

企业定价目标一般与企业的战略目标、市场定位和产品特性相关。企业价格的制定应主要从市场整体来考虑，它取决于需求方的需求强弱程度和经济能力，取决于市场接受程度及来自替代性产品的竞争压力的大小。在网络营销中，现阶段许多企业进入网络市场的主要目的是占领市场以求得更多的生存和发展机会，其次才是追求企业的利润。因此，目前网络营销产品的定价一般都是低价，甚至是免费，以期在快速发展的市场中寻求立足机会。

三、网络营销的定价策略

（一）低价渗透策略

低价渗透策略，就是企业把产品以较低的价格投放网上市场，吸引网上顾客，抢占网上市场份额，提高网上市场占有率，以增强网上市场竞争优势。低价能使企业取得最大市场销售量，并且能够有效阻碍竞争者的跟进与加入。

1. 直接低价定价策略

直接低价定价策略就是公开价格时一定要比同类产品的价格低，定价时大多采用成本加一定利润，有的甚至是零利润，这种策略一般是由制造商在网上进行直销时所采用。采取这种策略一方面是因为企业产品通过互联网直销可以节省大量的成本费用；另一方面是为了扩大宣传，提高网络市场占有率。

2. 折扣定价策略

折扣定价策略即在原价基础上打折来定价，让顾客直接了解产品的降价幅度以促进购买。在实际营销过程中，网上折扣定价策略可采取会员折扣、数量折扣、现金折扣、自动调价、议价策略等。例如，为鼓励消费者多购买本企业商品，可采用数量折扣策略；为鼓励消费者按期或提前付款，可采用现金折扣策略；为鼓励中间商淡季进货或消费者淡季购买，也可采用季节折扣策略等。目前绝大多数网上商城都要求消费者成为会员，按会员资格在购物时给予折扣。

3. 促销定价策略

企业为打开网上销售局面和推广新产品时可采用除折扣策略之外的促销定价策略，如有奖销售和附带赠品销售等。严格意义上说，折扣定价也属于促销定价策略的一种。

（二）撇脂定价策略

撇脂定价策略是指在产品生命周期的投入期，企业产品以高价投放市场，以攫取高额利润，犹如从牛奶中撇走奶油一样。例如，在新药品刚刚上市时，以高价出售尽快收回投资，以后随着产品生命周期的演变，再分阶段降价。采用这种策略，可使企业在短期内获取尽可能多的收益。

采用撇脂定价策略要注意以下三点：第一，产品的质量应与高价相符；第二，市场有足够多的顾客能接受这种高价，并愿意支付高价购买；第三，竞争对手在短期内不易打入该产品市场。

（三）定制生产定价策略

按照顾客需求进行定制生产是网络时代满足顾客个性化需求的基本形式。定制生产定价是在企业能实行定制生产的基础上，帮助消费者选择配置或者自己设计能满足自己需求的个性化产品，同时承担自己愿意付出的价格成本。

（四）使用定价策略

使用定价策略是顾客通过互联网注册后可以直接使用某公司产品，顾客只需要根据使用次数或使用时间进行付费，而不需要将产品完全购买。这既减少了企业为完全出售产品进行大量生产和包装的费用，又可以吸引那些有顾虑的顾客使用产品，扩大市场份额。采用这种定价策略，一般要考虑产品是否适合通过互联网传输，是否可以实现远程调用。目前比较适合的产品有软件、音乐、电影等。

（五）拍卖竞价策略

拍卖竞价是消费者通过互联网轮流公开竞价，在规定时间内价高者赢。比较适合网上拍卖竞价的是企业的一些原有积压产品，也可以是企业的一些新产品，可以通过拍卖展示起到促销作用。

同拍卖竞价类似的还有竞价拍买与集体竞价。竞价拍买是降价拍卖的反向操作，它是由买方引导卖方竞价实现产品销售的过程；集体竞价是由买卖者集体议价的交易方式，如团购就是一种典型的集体竞价。

（六）免费定价策略

免费定价策略是将企业的产品和服务以零价格形式提供给顾客使用，满足顾客的需求。免费定价策略又可细分为完全免费、部分免费、限制免费、捆绑式免费等多种形式。

1. 完全免费

产品和服务完全免费，即产品（服务）在购买、使用和售后服务所有环节都实行免费服务。

2. 部分免费

对产品和服务实行部分免费。例如，一些著名研究公司网站公布的研究成果，只有一部分内容免费，其余部分需付费。

3. 限制免费

对产品和服务实行限制免费，即产品（服务）可以被有限次或有限期免费使用。例如，一些软件可免费使用 30 天，一些书籍可以免费阅读前面的章节。

4. 捆绑式免费

对产品和服务实行捆绑式免费，即购买某产品或者服务时赠送其他产品和服务。例如，充话费送手机。

5. 小众付费

产品和服务对大多数消费者免费，但部分消费者愿意为额外的体验而付费，这种收费模式多出现在网络游戏中。

6. 广告商付费

由广告商为用户和流量付费，如各大搜索引擎。这种付费方式对普通消费者来说是完全免费的，所以从某种意义上说也属于完全免费。

（七）动态定价策略

动态定价策略是指企业根据单个交易水平的供给状况即时确定购买（出售）产品或服务的价格。

（八）其他定价策略

除上述定价策略外，还有尾数定价、整数定价、谐音定价、系列定价等一些常见的心理定价策略。

1. 尾数定价

保留价格尾数，采用零头标价。例如 9.98 元而不是 10 元，一方面给人以便宜感，另一方面又因精确的定价给人以信赖感。

2. 整数定价

把价格定成整数或整数水平以上，给人以较高一级档次的感觉。例如 10 元而不是 9.98 元。

3. 谐音定价

定价时可多使用大多数消费者偏爱的数字，如 88，66。

4. 系列定价

针对消费者比较价格的心理，将同类产品的价格有意识地分档次拉开，形成价格系列，使消费者在比较价格中能迅速找到各自习惯的档次，得到"选购"的满足。

第三节　网络营销渠道策略

一、网络营销渠道概述

（一）网络营销渠道的含义

营销渠道是产品或服务从生产者向消费者转移过程的具体通道或路径，营销渠道本质上是对使产品或服务能够被使用或消费的一系列相互依存的组织的研究。随着市场环境的变化，企业的营销渠道在建立、应用、发展的过程中也在不断地变革和演化。互联网是一种新的营销渠道，网络营销渠道即是以互联网为通道实现商品或服务从生产者向消费者转移过程的具体通道或路径。目前，很多企业通过自建网站，或是一些网络平台售卖自己的商品，从而达到开拓市场的目标。

在商品经济条件下，产品必须通过交换，发生价值形式的运动，使产品从一个所有者转移到另一个所有者，直至消费者手中，这称为商流；伴随着商流还有产品实体的空间移动，称为物流；付款、转账等货币的转移过程，称为货币流；咨询、谈判、签约等信息的流转，称为信息流。商流与物流、信息流、货币流相结合，使产品从生产者到达消费者手中，便是分销渠道或分配途径，对此环节的规划、协调便是营销策划的主要内容之渠道策划。营销渠道的畅通与否，市场分布面的广阔或狭窄，对于企业的竞争力和发展前景有着重要影响。同时，企业对于营销渠道的选择策略，还会在一定程度上影响企业及其产品的声誉，所以无论是在传统营销时代还是在互联网营销时代，都必须在营销渠道的选择和布局上进行认真的决策和策划。

（二）网络营销渠道的功能

一个完善的网络营销渠道应具有沟通、订货、结算以及配送四大功能。

1. 沟通功能

随着网络技术的普及和营销观念的发展，营销渠道在生产商和最终消费者之间所起的信息搜寻、传递媒介、售后服务的作用日益被人们所认识，这部分功能包括调研、促销、联系、谈判、售后服务等。

2. 订货功能

当前订货功能的实现通常由购物车完成，购物车的作用与超市中的购物篮相似，消费者选购商品后，将其放入购物车中，系统会自动统计出所购物品的名称、数量和金额，消费者在结算后，生成订单，订单数据进入企业相关数据库，为产品生产、配送提供依据。

3. 结算功能

结算功能指通过网络收取货款的功能。消费者在购买商品后，可以通过多种方式进行方便的付款，因此企业应该有多种结算方式。目前国内常用的结算方式有网上银行、第三方支付、邮局汇款、货到付款、公司转账等。

4. 配送功能

配送功能指将顾客在网上购买的产品发送到目的地的功能。一般来说，产品分为有形产品和无形产品。对于无形产品（如服务、软件及音乐等），可以直接通过互联网进行配送。而有形产品的配送，则需要仓储和运输。企业可以委托专业的物流公司完成配送业务，如 DELL 公司将美国货物的配送业务都交给联邦快递完成；企业也可以利用自己的力量建设物流配送系统，如 IBM 公司的蓝色快车就拥有自己的"e 物流"。

（三）网络营销渠道的类型

互联网可以直接把生产者和消费者连到一起，将商品直接展示在顾客面前，回答顾客的疑问，并接受顾客的订单。这种直接互动与超越时空的电子购物，无疑是营销渠道上的革命。同时，目前许多企业在网络营销活动中除了自建网站外，还可通过中介商信息服务、广告服务、撮合服务、交易服务等扩大企业影响、完成商品销售。例如天猫、京东，以及一些行业网站，如中国化工网、纺织网等，能帮助企业顺利地完成从生产者到消费者的整个转移工程，进而使企业达到开拓市场的目标。所以，网络营销渠道可以划分为网络直销与网络间接营销两种类型。

传统营销中，按流通环节的多少，可将分销渠道划分为直接渠道与间接渠道，间接渠道又分为一级、二级和三级渠道。直接渠道与间接渠道的区别在于有无中间商。

二、网络直销

在传统营销渠道中，中间商占有非常重要的地位。因为利用中间商能够在广泛提供产品和进入目标市场方面获得最高的效率。中间商凭借其业务往来关系、经验、专业化和规模经营，提供给公司的利润经常高于企业自营商店的利润。但互联网的发展和应用，使得传统中间商凭借地域因素获得的优势被互联网的虚拟性所取代，从而实现了网络环境下新的分销渠道。企业可按照不同的需求，使用不同的网络分销渠道策略。

（一）网络直销概述

网络直销是指生产者通过网络直接推广销售自己的产品。在网络直销渠道中，生产者可以通过自己的网站或 App 等，让顾客直接订货，再通过与一些电子商务服务机构如网上银行合作，直接在网上实现支付结算，简化了过去资金流转的问题。在配送方面，对数字产品可以选择利用互联网技术直接向用户传输产品；对非数字产品，一般可以通过与专业的第三方物流公司合作，建立高效的物流系统。

目前有许多企业都建有自己的网站或 App 进行网络直销。因为网络直销不仅为企业打开了一个面向全球市场的窗口，给中小型企业提供了和大型企业平等竞争的机会，还有许多其他优点：

第一，生产者能够直接接触消费者，获得第一手的资料，进而开展有效的营销活动。

第二，网络直销减少了流通环节，给买卖双方都节约了费用，产生了经济效益。网络直销大大降低了企业的营销成本，使企业获得价格优势；同时，消费者在节约了决策购买时间的同时又买到了低于现货市场价格的产品。

第三，网络直销使企业能够利用网络工具（如电子邮件、即时通信工具等）直接联系消费者，及时了解用户对产品的需求和意见，从而针对这些要求向顾客提供技术服务，解决难题，提高产品的质量，改善企业的经营管理。

第四，生产者直接对接消费者，可以有效防止假冒伪劣商品的出现，保障了消费者权益，维护了企业形象。

网络直销也有其不足的方面：

第一，网站出头难。随着互联网的发展，越来越多的企业建立了自己的网站。面对大量网站，消费者很难有耐心一一访问，大部分的网络访问者都是走马观花地扫一眼。对于那些不知名的中小型企业，网站的访问者更是寥寥无几，网站并没有产生预期的效果。同样，对于新出现的 App，愿意下载的消费者更是少之又少。

第二，独立建设管理网站和 App 的费用成本较高。建设与维护网站及 App 需要人力成本与经济成本，尤其对一些中小型企业来说，人力资源不足，经济负担较重，难以实现网络直销。

第三，会引起渠道冲突。去中介化给公司带来直销机会的同时，也会威胁到现有合作者的分销安排。渠道冲突会涉及利益相关者，如销售代理商。所以当康柏公司决定是否采用 DELL 公司的直销模式时，考虑到其目前的销售十分依赖于代理渠道，为了避免影响其目前的销售额，最终还是放弃了这一计划。

因此，互联网确实使企业有可能直接面对所有顾客，但这又仅仅只是一种可能，面对数以亿计的网站，只有那些真正有特色的网站才会有访问者，直接销售可以多一些，但绝不是全部。

（二）网络直销渠道建设

由于销售对象不同，网络直销渠道也是有区别的。一般来说，网络直销主要有两种方式，一种是 B2B，即企业对企业的模式，这种模式每次交易量很大、交易次数较少，并且购买方比较集中，因此网络直销渠道建设的关键是建设好订货系统，方便购买企业进行选择；由于企业一般信用较好，通过网上结算实现比较简单；同时由于量大次数少，因此配送时可以进行专门运送，既可以保证速度也可以保证质量，还可以减少中间环节造成的损失。第二种方式是 B2C，即企业对消费者模式，这种模式每次交易量小、交易次数多，而且购买者非常分散，因此网络直销渠道建设的关键是结算系统和配送系统。

有些产品易于数字化，可以直接通过互联网传输，如大多数的无形产品都可以通过互联网实现远程传输，可以脱离对传统配送渠道的依赖。但对于大多数有形产品，还必须依靠传统配送渠道来实现货物的空间移动，对于部分产品依赖的渠道，可以通过互联网进行改造，最大限度提高渠道的效率，减少渠道运营中的人为失误和时间耽误造成的损失。

在具体建设网络直销渠道时，还应考虑到以下几个方面。

首先，从消费者角度设计渠道。只有采用消费者比较放心、容易接受的方式才有可能吸引消费者网上购物，以克服网上购物所产生的不信任感。

其次，设计订货系统时要简单明了，不要让消费者填写太多信息，而应该采用现在流行的"购物车"方式模拟超市，让消费者一边看物品比较选择，一边选购。在购物结束后，一次性进行结算。另外，订货系统还应该提供商品搜索和分类查找功能，以便于消费者在最短时间内找到需要的商品，同时还应对商品提供消费者想了解的信息，如性能、外形、品牌等重要信息。

再次，在选择结算方式时，应考虑到目前的实际发展状况，尽量提供多种方式方便消费者选择，同时还要考虑网上结算的安全性，对于不安全的直接结算方式，应换成安全的间接结算方式。目前，在国内流行的支付宝、微信支付是众多网上企业选择的比较安全可靠、操作也较为简便的支付结算方式。

最后，关键是建立完善的配送系统。消费者只有看到所购买的商品到家后，才真正感到踏实，因此建设快速有效的配送服务系统是非常重要的。目前，国内配送体系相对成熟，企业应注意选择适合自己产品的配送服务。

三、网络间接销售

网络间接销售，也称网络中介交易，是企业借助于网络中间商将自己的产品销售给消费者的一种渠道模式。网络间接销售克服了网络直销的缺点，使网络商品交易中介结构成为网络时代连接买卖双方的枢纽。首先，因为一些专业的网络中介机构知名度高、信誉好，并且可以解决"拿钱不给货"或者"拿货不给钱"的问题，从而降低买卖双方的风险，确保了双方的利益。其次，由于网络中介机构汇集了大量的产品信息，消费者进入一个网站（中介机构）就可以获得不同厂家的同类产品的信息，生产者只需要通过同一个中间环节就可以和消费者产生交易关系，这大大简化了交易过程，加快了交易速度，使生产者和消费者都感到方便。

（一）网络中间商的类型

网络中间商就是生产者通过因特网向消费者出售产品时的中介机构，是执行组织、实施或协助商品所有权顺利转移的组织或机构。按照网络中间商的性质可以划分为网络经销商、网络代理商、网络交易市场等。

1. 网络经销商

经销商，就是在某一区域和领域进行商品销售或提供服务的单位或个人。经销商具有独立的经营机构，拥有商品的所有权（买断制造商的产品/服务），获得经营利润，多品种经营，经营活动过程不受或很少受供货商限制，与供货商责权对等。

2. 网络代理商

代理商，仅仅是作为企业与市场之间的中介，来帮助企业将产品销售到市场上，并不具有该产品的所有权，只能得到相应的佣金酬劳。阿里巴巴的 1688 分销客采用的即是按交易效果付费的网络代理商模式，商家设置商品佣金，分销客进行推广，交易成功后，商家再支付给分销客相应的佣金收入。

3. 网络交易市场

通过网络交易市场，可以改变传统贸易中一对一或一对多的模式，变成多对多模式，并创造众多买卖商家聚集的在线交易空间。

（二）选择网络中间商的标准

网络中间商在整个渠道中具有重要作用，在选择时必须慎重，否则同样会给生产商带来不利后果。企业必须在对网络中间商进行评估的基础上，了解网络中间商的类型、业务特征、功能，再根据自身产品的特性、目标市场的定位和企业整体的战略目标，正确选择可以合作的网络中间商。选择网络中间商的标准主要有以下几个方面。

1. 服务水平

网络中间商的服务水平包括独立开展促销活动的能力、与消费者沟通的能力、收集信息的能力、物流配送能力以及售后服务能力等。

2. 成本

这里的成本主要指企业享受网络中间商服务时的费用。这些费用包括：生产企业给商品交易中间商的价格折扣、促销支持费用，在中间商服务网站建立主页的费用，维持正常运行时的费用，获取信息的费用等。对这些费用，不同的中间商之间的差别很大。

3. 信用

由于网络的虚拟性和交易的远程性，买卖双方对于网上交易的安全性都不确定。在目前还无法对各种网站进行有效认证的情况下，网络中间商的信用程度就至关重要。在虚拟的网络市场里，信誉就是质量和服务的保证。生产企业在进行网络分销时只有通过信用比较好的中间商，才能在消费者中建立品牌信誉和服务信誉。

4. 特色

网络营销本身就体现了一种个性化服务，要更多地满足网络消费者的个性化需求。企业在选择中间商时，必须选择与自己的目标顾客群的消费特点相吻合的特色网络中间商，才能真正发挥网络销售的优势，取得经济效益。

5. 网站流量

网站流量的大小反映了网站客流量的大小，是实现网上销售的重要前提。选择网络中间商时，应尽量选择网站流量大的网络中间商，以促进网上销售，并扩大公司在网上的知名度。

6. 经营实力与经营水平

经营实力包括中间商的资金状况、人员素质、仓储设施等；经营水平包括中间商适应市场变化的能力、推销商品的创新能力和对顾客购买商品的吸引力等。

四、网络营销渠道建设与管理

企业在进行产品定位，明确目标市场后，就需要进行渠道设计，确定具体的渠道方案。

（一）选择渠道模式

选择渠道模式即对直接渠道和间接分销渠道的选择。企业可根据产品的特点、企业战略目标的要求以及其他各种影响因素，决定采用哪种类型的分销渠道：网络直销还是网络间接销售。企业也可以在采用网络直销的同时开辟网络间接销售渠道，这种混合销售模式正在被许多企业采用。因为在目前的买方市场条件下，通过多种渠道销售产品比通过一条渠道更容易实现"市场渗透"，增加销售量。

（二）确定中间商数量

确定中间商数量，即确定分销渠道的中间商的数目。在网络分销中，分销渠道大大缩短，企业可以通过选择多个中间商如信息服务商或商品交易中间商来弥补短渠道在信息覆盖上的不足，增加渠道的宽度。在确定网络中间商的个数时，有以下三种策略可供选择。

1. 密集型分销渠道策略

即选择尽可能多的分销商来销售自己的产品，这种策略使顾客随时随地都能购买到产品，它提供的是一种方便，一般适合于低值易耗的日用品。

2. 选择型分销策略

即只选择有限的几家经过仔细挑选的中间商来销售自己的产品，中间商存在有限竞争，它提供给顾客的主要是一种安全、保障和信心，一般适合于大件耐用消费品。

3. 独家型分销策略

只选择一家经过仔细挑选的中间商来销售自己的产品，它提供的是一种独一无二的产品或服务，而且价值昂贵，顾客稀少。

（三）明确渠道成员的责任和权利

在渠道的设计过程中，还必须明确规定每个渠道成员的责任和权利，以约束各成员在交易过程中的行为。例如，生产企业向网络中间商提供及时的供货保证、产品质量保证、退换货保证、价格折扣、广告促销协助、服务支持等，中间商向生产者提供市场信息、各种统计资料、落实价格政策、保证服务水平、保证渠道信息传递的畅通等。在确定渠道成员的责任和权利时要仔细谨慎，要考虑多方面的因素，并取得有关方面的积极配合。

（四）渠道管理

在选择好渠道的分销模式和确定了具体的渠道方案后，渠道就进入了一个相对成熟的阶段。这时生产商还有一项十分重要的工作要做，那就是对渠道进行管理，必要时还要对渠道进行调整。

第四节　网络促销策略

一、网络促销概述

（一）网络促销的概念

1. 网络促销的含义

促销指营销人员通过各种方式将有关企业及产品的信息传递给目标顾客，以促进其了解、信任，并达到刺激需求、促成购买、扩大销售的一系列活动。促销的实质是企业与现实、潜在顾客之间进行信息沟通的过程。网络促销是指利用现代化的网络技术向市场传递有关产品和服务的信息，以启发需求，引起消费者的购买欲望和购买行为的各种活动。

2. 网络促销与传统促销的区别

（1）时空观念的变化

以产品流通为例，传统的产品销售和消费者群体都有一个地理半径的限制，网络营销大大地突破了这个原有的半径，使之成为全球范围的竞争；传统的产品订货都有一个时间的限制，而在网络上，订货和购买可以在任何时间进行。这就是最新的电子时空观。企业的促销人员必须认识到这种时空观念的变化，调整自己的促销策略。

（2）信息沟通方式的变化

在网络上信息沟通方式是十分丰富的。在网上可以传输多种媒体的信息，它提供了近似于现场交易过程中的产品表现形式；同时这种双向、快捷、互不见面的信息传播又能够将买卖双方的意愿表达得淋漓尽致，也留给对方充分的时间思考。

（3）消费者群体和消费行为的变化

在网络环境下，消费者的概念和客户的消费行为都发生了很大的变化。网络消费者是一个特殊的消费群体，与传统消费者的消费需求不完全相同。首先，他们有足够的时间仔细比较商品的性能、质量、价格和外观，能从容地做出自己的选择。其次，购买者常常是独自坐在计算机前浏览、选择，大部分购买决策是自己做出或与家人商量后做出的，受外界影响少。因此，网上购物的决策行为较之传统的购买决策要更加理性。

网络促销虽然与传统促销在促销观念和手段上有较大差别，但由于它们推销产品的目的是相同的，因此整个促销过程的设计具有很多相似之处，所以，对于网络促销的理解，一方面应当站在全新的角度去认识这一新型的促销方式，理解这种依赖现代网络技术、与顾客不见面、完全通过互联网交流思想和意愿的产品促销形式；另一方面则应当通过与传统促销的比较去体会两者之间的差别，吸收传统促销方式的整体设计思想和行之有效的促销技巧，打开网络促销的新局面。

（二）网络促销的作用

网络促销对于消费者的作用，主要体现在以下几个方面。

1. 告知功能

将企业的产品、服务、价格等信息通过网络传递给消费者，以引起他们的注意。

2. 说服功能

网络促销的目的在于通过各种有效的方式，解除潜在消费者对产品或服务的疑虑，说服其坚定购买的决心。例如，在许多同类商品中，顾客往往难以察觉各种产品间的微小差别。企业通过网络促销活动，宣传自己产品的特点，使消费者认识到该产品可能给他们带来的利益或特殊效用，进而选择本企业的产品。

3. 创造需求

运作良好的网络促销活动，不仅可以诱导需求，而且可以创造需求，发掘潜在的消费者，拓展新市场，扩大销售量。

4. 反馈功能

结合网络促销活动，企业可以通过在线填写表格或电子邮件等方式及时地收集和汇总消费者的意见和需求，迅速反馈给企业的决策管理层。由此所获得的信息准确性和可靠性高，对企业经营决策具有较大的参考价值。

5. 稳定销售

在企业的产品销售量波动较大、市场地位不稳的情况下，通过适当的网络促销活动，树立良好的产品形象和企业形象，往往有可能改变消费者对企业及产品的认识，提高产品的知名度和用户对本企业产品的忠诚度，达到锁定用户，实现稳定销售的目的。

二、网络促销的形式

网络促销的形式主要有网络广告、网络销售促进和网络公共关系策略等。

（一）网络广告

网络广告主要是通过网上知名站点、免费电子邮件服务，以及其他网络营销工具来发布企业的产品信息，对企业及企业产品进行宣传推广。

（二）网络销售促进

网络销售促进是指企业运用各种短期诱因，在网上市场利用销售促进工具刺激顾客对产品或服务的购买和消费使用的促销活动。网络销售促进在刺激产品销售的同时，还可以与顾客建立互动关系，了解顾客的需求和对产品的评价。网络销售促进主要是用来进行短期性的刺激销售，一般主要有以下几种形式。

1. 网上折价促销

折价又称打折、折扣，是目前网上最常用的一种促销方式。网上销售商品不能给人全面、直观的印象，也不可试用、触摸等原因，再加上配送成本和付款方式的复杂性，影响人们网上购物和订货的积极性，而幅度较大的折扣则可以促使消费者进行网上购物的尝试并作出购买决定。

2. 网上赠品促销

赠品促销目前在网上的应用也很常见，一般在新产品推出试用、产品更新、对抗竞争品牌、开辟新市场情况下，利用赠品促销可以达到比较好的促销效果。

赠品促销时应注意不要选择次品、劣质品作为赠品，否则只会起到适得其反的作用；明确促销目的，选择适当的能够吸引消费者的产品或服务；注意预算和市场需求，赠品要在能接受的预算范围内，不可过度赠送赠品而造成营销困境。

3. 网上抽奖促销

抽奖促销是以一个人或数人获得超出参加活动成本的奖品为手段进行商品或服务的促销。网上抽奖活动主要附加于调查、产品销售、扩大用户群、庆典、推广某项活动等。消费者或访问者通过填写问卷、注册、购买产品或参加网上活动等方式获得抽奖机会。

网上抽奖促销活动应注意以下几点：奖品要有诱惑力，可考虑大额超值的产品吸引人们参加；活动参加方式要简单化和有趣味性，太过复杂和难度太大的活动较难吸引匆匆的访客；保证抽奖结果的真实性、公正性、公平性，由于网络的虚拟性和参加者的广泛地域性，对抽奖结果可请公证人员进行全程公证，并及时通过公告等形式向参加者通告活动进度和结果。

4. 积分促销

积分促销在网络上的应用比起传统营销方式要简单和易操作。网上积分活动很容易通过编程和数据库等来实现，并且结果可信度很高，操作起来相对较为简单。积分促销一般设置价值较高的奖品，消费者通过多次购买或多次参加某项活动来增加积分以获得奖品。积分促销可以增加上网者访问网站和参加某项活动的次数，可以增加上网者对网站的忠诚度，可以提高活动的知名度等。目前，很多航空公司、移动运营商、银行、网上商城都有积分兑换业务。

（三）网络公共关系策略

公共关系策略，是指利用各种传播手段唤起人们对企业及企业产品的好感、兴趣和依赖，争取人们对企业经营理念的理解，树立企业形象的一种营销工具。网络公共关系即借助互联网作为媒体和沟通渠道，通过与企业利益相关者（包括供应商、顾客、中间商、雇员、社会团体等）建立良好的合作关系，为企业的经营管理营造良好的环境。网络公共关系既要收集信息、传递信息，还要反馈信息，是一种双向的交流，作为营销沟通的手段，在提升企业形象、赢得顾客信任、为企业发展创造良好的外部环境方面发挥着越来越重要的作用。

（四）其他促销方式

除以上常用的三种形式外，还有一些其他促销方式，如事件营销、活动营销等，也被很多企业所应用。

三、网络促销的实施

对于任何企业来说，如何实施网络促销都是网络营销人员必须面对的挑战。营销人员首先必须深入了解商品信息在网络上传播的特点，分析网络信息的接收对象，设定合理的网络促销目标，然后通过科学的实施程序，打开网络促销的新局面。根据国内外网络促销的大量实践，网络促销的实施流程可以按以下六个步骤进行。

1. 确定网络促销对象

网络促销对象是指在网络虚拟市场上可能产生购买行为的消费群体。要确定他们是新的潜在顾客还是老顾客，是直接消费者还是间接使用者（如决策者、影响者），是早期采用者还是落后采用者等。

2. 设计网络促销内容

网络促销的最终目标是希望引起购买。这个最终目标是要通过设计具体的信息内容来实现的。消费者的购买过程是一个复杂的、多阶段的过程，促销内容应当根据购买者目前所处的购买决策过程的不同阶段和产品所处的生命周期的不同阶段来决定。

3. 决定网络促销组合

网络促销活动可以通过前述三种形式展开。但由于企业的产品种类不同，销售对象不同，促销方法与产品种类和销售对象之间将会产生多种网络促销的组合方式。企业应当根据每种促销方法各自的特点和优势，结合自己产品的市场情况和顾客情况，扬长避短、合理组合，以达到最佳的促销效果。

有的促销方法主要实施"推战略"，其主要功能是将企业的产品推向市场，获得广大消费者的认可，如网络广告促销；有的促销方法主要实施"拉战略"，其主要功能是将顾客牢牢地吸引过来，保持稳定的市场份额，如网络销售促进。

4. 制定网络促销预算方案

在网络促销实施过程中，使企业感到最困难的是预算方案的制订。所有的价格、条件都需要在实践中不断学习、比较和体会，不断地总结经验。只有这样，才可能用有限的精力和有限的资金获得尽可能好的效果，做到事半功倍。

5. 衡量网络促销效果

网络促销的实施过程到了这一阶段，必须对已经执行的促销内容进行评价，衡量促销的实际效果是否达到了预期的促销目标。对促销效果的评价主要依赖于两个方面的数据。一方面，要充分利用互联网上的统计软件，及时对促销活动的好坏做出统计。这些数据包括主页访问人次、点击次数等。因为网络宣传不像报纸或电视那样难以确认实际阅读和观看的人数，在网上，可以很容易地统计出站点的访问人数，也可以很容易地统计广告的阅览人数。利用这些统计数据，网上促销人员可以了解自己在网上的优势与弱点，以及与其他促销者之间的差距。另一方面，可以通过销售量的增加情况、利润的变化情况、促销成本的降低情况，判断促销决策是否正确。同时，还应注意促销对象、促销内容、促销组合等方面与促销目标的因果关系的分析，从而对整个促销工作作出正确的判断。

6. 网络促销过程的综合管理和协调

为保证网络促销的效果，科学的管理起着极为重要的作用。在衡量网络促销效果的基础上，对偏离预期促销目标的活动进行调整是保证促销取得最佳效果的必不可少的程序。同时，在促销实施过程中，不断地进行信息沟通和协调，也是保证企业促销连续性、统一性的需要。

参考文献

[1] 范春风，林晓伟，余来文. 电子商务 [M]. 厦门：厦门大学出版社，2017.

[2] 游静，邱开剑，阎巍. 电子商务 [M]. 长春：吉林大学出版社，2017.

[3] 董德民. 电子商务 [M]. 北京：中国水利水电出版社，2017.

[4] 陆兰华. 网络营销 [M]. 南京：东南大学出版社，2017.

[5] 张琪. 网络营销 [M]. 济南：济南出版社，2017.

[6] 舒建武，苗森. 网络营销 [M]. 杭州：浙江工商大学出版社，2017.

[7] 韩琳琳，张剑. 跨境电子商务实务 [M]. 上海：上海交通大学出版社，2017.

[8] 黄海滨. 电子商务概论 [M]. 杭州：浙江大学出版社，2017.

[9] 王志文，于泳. 电子商务理论与实务 [M]. 北京：北京理工大学出版社，2017.

[10] 刘德华. 电子商务基础与应用 [M]. 北京：北京工业大学出版社，2017.

[11] 陈平. 电子商务 [M]. 北京：中国传媒大学出版社，2018.

[12] 陈雨. 网络营销 [M]. 重庆：重庆大学出版社，2018.

[13] 金莉萍. 网络营销 [M]. 上海：华东师范大学出版社，2018.

[14] 侯滢，王印成. 网络营销 [M]. 北京：经济日报出版社，2018.

[15] 吴浪. 电子商务基础与实务 [M]. 重庆：重庆大学出版社，2018.

[16] 兰宜生. 国际电子商务教 [M]. 北京：首都经济贸易大学出版社，2018.

[17] 杨兴凯. 跨境电子商务 [M]. 沈阳：东北财经大学出版社，2018.

[18] 翁文娟，龚丽. 电子商务概论 [M]. 重庆：重庆大学出版社，2018.

[19] 黄仕靖，顾建强. 电子商务概论 [M]. 北京：北京理工大学出版社，2018.

[20] 李再跃，孙浩. 电子商务概论 [M]. 北京：教育科学出版社，2018.

[21] 陆军毅. 电子商务与网络营销 [M]. 长春：吉林出版集团股份有限公司，2019.

[22] 禤圆华. 网络营销 [M]. 北京：中国财富出版社，2019.

[23] 赵红. 网络营销 [M]. 成都：电子科技大学出版社，2019.

[24] 张润. 网络营销 [M]. 重庆：重庆大学出版社，2019.

[25] 冉启全，章继刚，陈维波. 农村电子商务 [M]. 成都：西南交通大学出版社，2019.

[26] 宋磊. 移动电子商务 [M]. 北京：北京理工大学出版社，2019.

[27] 骆泽顺，许国柱. 电子商务教程 [M]. 广州：华南理工大学出版社，2019.

[28] 周曙东. 电子商务概论 [M]. 南京：东南大学出版社，2019.

[29] 王健. 跨境电子商务 [M]. 北京：机械工业出版社，2019.

[30] 罗立升. 电子商务实训教程 [M]. 北京：中国铁道出版社，2020.

[31] 胡桃，陈德人主编. 电子商务案例及分析 [M]. 北京：北京邮电大学出版社，2020.

[32] 沈易娟，杨凯，王艳艳. 电子商务与现代物流 [M]. 上海：上海交通大学出版社，2020.

[33] 訾豪杰. 电子商务概论 [M]. 北京：北京理工大学出版社有限责任公司，2020.

［34］李娟，陈应纯. 电子商务基础［M］. 重庆：重庆大学出版社，2020.

［35］王震. 网络营销与网上创业［M］. 北京：首都经济贸易大学出版社，2020.

［36］李洪心，刘继山. 电子商务案例分析［M］. 沈阳：东北财经大学出版社，2020.

［37］赵乃真，杨尊琦. 电子商务技术与应用［M］. 北京：中国铁道出版社，2021.

［38］兰岚，卜卓，张连馥. 现代电子商务与市场营销研究［M］. 长春：吉林人民出版社，2021.

［39］曲慧梅，徐小红，古春杰. 网络营销［M］. 长春：吉林出版集团股份有限公司，2022.